Maria da Piedade Medeiros Paiva

Que amor é esse?
Vivenciando a energia que move a vida

Paulinas

Dados Internacionais de Catalogação na Publicação (CIP)
(Câmara Brasileira do Livro, SP, Brasil)

Paiva, Maria da Piedade Medeiros
  Que amor é esse? : vivenciando a energia que move a vida / Maria da Piedade Medeiros Paiva. — São Paulo : Paulinas, 2004. — (Coleção sabor de vida)

ISBN 85-356-1436-2

1. Amor 2. Conduta de vida 3. Felicidade 4. Histórias de amor I. Título. II. Série.

04-7329   CDD-242.2

Índice para catálogo sistemático:

1. Amor : Reflexões : Cristianismo 242.2

Direção-geral:	Flávia Reginatto
Editora responsável:	Celina H. Weschenfelder
Auxiliar de edição:	Alessandra Biral
Coordenação de revisão:	Andréia Schweitzer
Revisão:	Marina Mendonça e Ana Cecília Mari
Direção de arte:	Irma Cipriani
Gerente de produção:	Felício Calegaro Neto
Capa e editoração eletrônica:	Cristina Nogueira da Silva

Nenhuma parte desta obra poderá ser reproduzida ou transmitida por qualquer forma e/ou quaisquer meios (eletrônico ou mecânico, incluindo fotocópia e gravação) ou arquivada em qualquer sistema ou banco de dados sem permissão escrita da Editora. Direitos reservados.

Paulinas
Rua Pedro de Toledo, 164
04039-000 – São Paulo – SP (Brasil)
Tel.: (11) 2125-3549 – Fax: (11) 2125-3548
http://www.paulinas.org.br – editora@paulinas.org.br
Telemarketing e SAC: 0800-7010081

© Pia Sociedade Filhas de São Paulo – São Paulo, 2004

Dedicatória

A meus filhos Luís Flávio, Ana Gláucia, Cláudio Sérgio, Mauro César, Marcelo Fábio e Rodrigo Márcio, destinatários desse amor particular, construtivo e gratuito e também incentivadores da idéia de divulgá-lo a vocês, possíveis diretores, por meio deste livro.

Sumário

Apresentação 7
Introdução 9
Apenas um sorriso!... 13
Além da competição 17
E a vida ressurgiu! 21
A semente germinou 25
Descoberta valiosa 29
Tudo é especial! 33
Lição de vida 37
Solidão e carência 41
Aquela "falta de ar" era... 45
Amar até o fim 49
Além dos sentimentos 55
Um elo de amor 59
Muros ou pontes? 65
Troca de experiências 69
Comece... o restante virá! 73
Saber perder 77
O sol nasce de novo! 81
Tudo tem um preço 87
As grandes "pequenas coisas" 93
Um rastro de luz 97
Palavras finais 101

Apresentação

Ao escrever este livro, algo esteve sempre presente em meu pensamento e em minhas convicções: o que realmente define o ser humano é a capacidade de amar, de afirmar sua característica relacional a partir de atos de amor. Portanto, amar não é apenas o "poder ser", mas principalmente o "dever ser".

Com esta obra, minha intenção não é somente abordar o tema "amor" como conceito, nem desenvolver considerações teóricas sobre seus efeitos nos diversos tipos de relacionamento. Também não proponho uma reflexão a respeito do pensamento de diversos estudiosos sobre o controvertido assunto.

Tenho em mente ressaltar, a partir de vivências cotidianas, na vida que pulsa em nós e a nosso redor, a força de um amor que renova, transforma e dá sentido à vida.

Após considerar que, semelhantemente à história desenvolvida em um filme, a vida é registrada em cada cena, única nos momentos presentes da existência, me concentrei nos pequenos atos de amor que compõem cada história pessoal.

Assim, os leitores encontrarão "cenas" da história simples (mas real) de muitas pessoas, com nomes e circunstâncias fictícias, porém com a tradução de realidades vivenciadas, encontráveis ou repetidas entre os que passam ao nosso lado.

Que essas histórias estimulem os leitores a dar maior atenção aos pequenos gestos do dia-a-dia, aos mais simples atos da existência, e os transforme em ações de amor. Que elas lhes sirvam de lições de vida instigando reflexões, propondo desafios e abrindo novas estradas.

Desejo que a leitura deste livro proporcione esta consciente conclusão: amar é o ato mais inteligente do ser humano. Assim, na perspectiva de um mundo melhor de paz e concórdia, igualdade e fraternidade, você, caro(a) leitor(a), vai fazer a melhor parte – a sua. Certamente, contribuirá para oferecer ao mundo, efetivamente, uma resposta ao desafio de são João da Cruz:

*"Onde não há amor,
coloque amor e o encontrará".*

E como o mundo precisa desse amor!

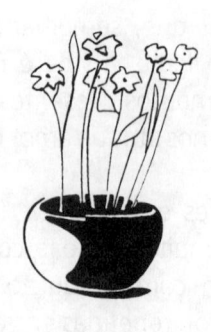

Introdução

Que amor é esse?

Entendo a dúvida que ocorre na mente dos leitores. Amor é realmente uma palavra desgastada, desfigurada e distorcida. Refiro-me ao amor cuja lei está inscrita na consciência do ser humano, em seu DNA existencial. É universal, transcende épocas, etnias e culturas.

Como a força da semente que germina, escondida no seio da terra, misteriosamente fecundada por elementos que a fazem explodir e brotar, e surge sob diversas formas de vida, imagino a força desse amor que faz novas todas as coisas.

É um fio de ouro quase invisível na fonte, mas que reúne os mais simples atos humanos e lhes proporciona uma configuração sempre renovada e um destino cada vez mais potente.

Esse amor é belo, intenso e ilimitado!

Seu mecanismo de ação é interessante, mas paradoxal: alimenta-se daquilo que doa e se preenche quando se esvazia. Por isso, pode ser comparado a uma cacimba, cuja fonte está no mais profundo do ser. Para alcançá-la, é preciso escavar e remover os sedimentos que a recobrem e sufocam. Ao preencher o espaço oferecido (o qual pode ser ampliado sempre mais), não é conveniente deixar o conteúdo estagnado, pois ele pode se deteriorar quando é retido e acumulado. Torna-se necessário doá-lo até esgotar-se para novamente se preencher.

Por ser concreto, é necessário que esse amor seja experimentado, pois, mais que nas intenções, ele se efetiva nas ações. Para exemplificar essa idéia, narro-lhes a seguinte história:

Um jovem estudante de química admirava muito um de seus professores, que se declarava ateu. Após diversas tentativas inúteis para convencê-lo da existência de Deus, ele propôs um desafio ao mestre: pôs diante dele três copos com água, um dos quais continha uma solução açucarada. Sem o direito de tocá-los, ele deveria identificar aquele com a referida solução. Após longo tempo de criteriosa observação, o professor desistiu, e declarou a impossibilidade de fazê-lo sem a utilização dos meios e recursos necessários.

Então, o jovem aproximou-se dos copos; com a ponta dos dedos, tocou-os e provou cada solução. Em seguida, dirigiu-se ao professor e lhe disse: "Assim é Deus. Apenas com as idéias, é impossível reconhecê-lo. Porém, se experimentá-lo, é tão simples!".

Do mesmo modo é esse amor. Não basta falar sobre ele. É indispensável fazer a própria experiência.

Quais as características desse amor?

É universal – Está presente em todas as criaturas. Não faz acepção de pessoas, credos ou raças. Não é seletivo. Supera impulsos, emoções e sentimentos. Manifesta-se em todas as fases do desenvolvimento humano, sob expressões próprias e singulares.

Dele brota o aconchego do bebê ao seio materno, o enlevo dos enamorados, a doação dos abnegados, o perdão dos ofendidos, a fortaleza dos idealistas. Enfim, é a fonte de onde jorram as grandezas do coração.

É a energia que projeta o ser humano para fora de si mesmo a fim de encontrar o outro e nele fazer desabrochar a reciprocidade, marca registrada de um verdadeiro ato de amor.

É gratuito – Não espera recompensas, não visa retorno, não cobra cachê. Por isso, não se alimenta das respostas obtidas, mas da possibilidade de amar sem pretensão. Assim, não acumula dívidas, não elabora listas de cobranças nem expectativas de resultados.

Esse amor é livre e faz crescer constantemente nas pessoas a sede de liberdade.

Toma a iniciativa – Ama por primeiro. Não espera ser amado para somente depois corresponder. Inicia o processo, desencadeia a dinâmica, dispõe-se a reformular os relacionamentos. Ali onde o amor está abafado, soterrado, oprimido pela incapacidade de manifestar-se, quem começa a amar é um pioneiro desbravador.

Esse amor é uma arte. Por isso, pode ser aprendido, cultivado, desenvolvido. À medida que vivencia a arte, o artista comunica a si mesmo e ao mundo que o rodeia a beleza e a harmonia caracterizadoras de uma verdadeira obra de arte.

É concreto – Não depende apenas de idéias bem elaboradas, conhecimentos aprofundados, teorias corretamente enunciadas. Por isso, as pessoas simples são mais sensíveis a seus apelos e mais facilmente aptas a pô-lo em prática. Elas não se perdem em múltiplas considerações; apenas amam com os próprios recursos, no momento presente, na forma possível e no espaço disponível.

É criativo – Por esse motivo, é especial. Ama particularmente. Procura descobrir no outro de que modo gostaria de ser amado. Percebe as necessidades alheias e empenha-se em atendê-las.

A sensibilidade aguçada torna esse amor flexível. Por isso é possível amar à criança, fazendo-se pequeno; ao sábio, elevando-se para alcançá-lo; ao que sofre, respeitando sua dor; ao que se alegra, festejando com ele.

É construtivo – Realiza, cria, modifica situações. Propõe conquistas, elimina preconceitos, transforma relacionamentos. Desperta o ânimo e incentiva a participação.

Por onde passa, esse amor deixa suas marcas: algo muda, e sempre para melhor. Ele provoca em quem é amado o desabrochar de seu potencial. Faz crescer, aumenta as possibilidades, amplia a visão e expande os espaços.

É ilimitado – A medida desse amor é um amor sem medidas, que não se cansa de amar. Por isso, não tem pressa, nem hora marcada, nem prazo determinado. Ultrapassa as barreiras.

O próprio ser de quem ama se expande e percebe essa capacidade de amar sempre mais, pois o ser humano nasceu para amar e ser amado.

Por esse amor, espera a criança carente em busca de segurança; o jovem indeciso, para encontrar seu caminho; o homem violento, a fim de experimentar a serenidade; a mulher recurvada, para alimentar a esperança. Por ele almeja o ser humano, com o intuito de expressar sua humanidade.

Ao experimentá-lo, todos reagem. Esse amor possui o dom de tocar as cordas da sensibilidade (mesmo aquelas escondidas) e fazer ecoar, no mais íntimo do ser, a melodia do encontro, da partilha, da fraternidade.

Esse amor permite que o ser humano se encontre com ele mesmo ao se deparar com um irmão de humanidade.

Apenas um sorriso!...

Clarice trabalhava havia muitos anos naquele hospital, sempre na ala de pediatria, onde era conhecida pela forma especial de tratar as crianças, principalmente as que mais sofriam.

Após terminar o plantão, mesmo extremamente cansada, ela sempre experimentava algo especial em seu interior, o que a recompensava de todo o esforço despendido na hora de medicar uma criança, fazer o curativo em outra, acalentar alguém ou contar uma historinha.

Devido à mudança da diretoria do hospital, houve um inesperado remanejamento de pessoal. Com isso, Clarice foi transferida para o setor masculino de adultos, o que a revoltou profundamente. Então os dias se arrastavam, e as tarefas tornaram-se um peso para ela, que começou a se sentir muito mal.

Conseguiu uma licença, e, por um mês, afastou-se do trabalho. Realizou muitas atividades, porém não conseguiu experimentar aquela paz e alegria tão características de sua vida.

Quando retornou ao trabalho, encontrou entre os internos o sr. Amadeu, que sofrera um grave acidente e estava em lenta recuperação.

Enquanto percorria os leitos e fazia as devidas anotações, Clarice verificava as papeletas dos pacientes. Tudo rotineiramente, apenas para cumprir as primeiras obrigações ao assumir novamente a enfermaria que lhe fora confiada.

Ao chegar ao leito do sr. Amadeu, no qual encerraria as informações, chamou-lhe a atenção o "obrigado" que ele lhe deu, acompanhado de um generoso sorriso.

No dia seguinte, ao chegar à enfermaria, sentiu uma nova disposição para iniciar as tarefas, uma alegria em atender os pacientes, um prazer já conhecido de lidar com os que lhe eram confiados.

Ao perceber que recuperava algo que imaginava perdido, Clarice surpreendeu-se e pensou consigo mesma: "Apenas um sorriso tem esse poder?!".

O sorriso é uma eloqüente linguagem de amor. Sorria!

A rotina de trabalho exige sempre um renovado esforço para realizá-lo com a dupla condição: competência e gratificação.

O ato de executar as tarefas mecanicamente, sem motivação e envolvimento, gera um desgaste incalculável. É necessário redobrar o cuidado com o ambiente de trabalho, pois ali são efetivadas as trocas constituintes do material valioso para a composição da própria qualidade de vida.

O sorriso pode ser o passaporte para aliviar tensões, desarmar espíritos e facilitar a comunicação. Ele possibilita a oxigenação do ar oferecido pelo ambiente de trabalho, bem como o surgimento de bom humor, de um tratamento cordial e respeitoso e de acolhimento e disponibilidade.

Sorrir é sempre uma linguagem que comunica amor e manifesta, a partir de um gesto tão simples, alegria, paz e tranqüilidade. Por isso, pode constituir-se em uma inteligente (e eficaz) receita para tornar o ambiente de trabalho mais acolhedor e produtivo.

No caso de Clarice, foi necessário apenas um sorriso espontâneo e agradecido do sr. Amadeu para despertar nela o envolvimento e a cumplicidade que mantinha com sua atividade.

Uma relação gratificante com a rotina na profissão exercida requer permanente atenção, disponibilidade para ouvir e servir a todos, um jeito especial de falar, principalmente em relação ao tom de voz, enfim, a compreensão de que cada um é responsável pelo ar respirado no ambiente de trabalho.

Sorria! Isso é simples, mas produz um efeito extraordinário!

Acione estes recursos

- Transforme seu ambiente de trabalho no mais harmonioso possível.

- Sorrir é uma forma eficaz de oxigenar o ar respirado nesse ambiente.

- O sorriso pode ser um passaporte para o alívio das tensões e a moderação dos ânimos.

- Competência e gratificação na tarefa executada são a dupla condição para a melhora da qualidade de vida.

- Vale a pena transformar em um ato de amor cada ação exigida rotineiramente pelo trabalho.

- Sorria, pois essa é melhor maneira de comunicar a paz e suscitar a harmonia.

Além da competição

O alojamento de atletas de um centro esportivo do Sul do País estava repleto de jovens estudantes. Provenientes de diversos estados, eles despontavam como promessas no esporte que praticavam.

O espírito competitivo, tão estimulado entre os participantes, era um desafio a mais para a difícil convivência naquela etapa preliminar de um mês, após a qual diversos atletas seriam eliminados.

No mesmo dormitório, estavam Leonardo e Bruno. Além de vizinhos de cama, ambos eram destaques da equipe de basquete e atuavam na mesma posição. Por isso, passaram a andar sempre juntos.

À noite, fazia um frio intenso. Ao observar que Bruno havia trazido apenas um agasalho, que pouco o aquecia, Leonardo ofereceu-lhe um dos que a mãe colocara a mais na bagagem e o alertou: "Leve mais este! Lá faz muito frio!... Você vai precisar dele!".

Bruno não aceitou a oferta. As relações entre eles andavam muito tensas, pois já sabiam que, por jogarem na mesma posição, um dos dois corria o sério risco de eliminação. O treinador até recomendara a Bruno: "Fique de olho no desempenho de Leonardo! Ele pode passá-lo para trás...".

No dia seguinte, na entrada do estádio, estava afixada a lista dos eliminados. O primeiro nome da equipe de basquete era o de Leonardo.

Então ele arrumou a bagagem para retornar a sua cidade. Os dois se despediram friamente, pois, embora tentasse, Bruno não conseguia disfarçar seu semblante vitorioso.

À noite, no alojamento, Bruno encontrou o melhor agasalho de Leonardo, cuidadosamente dobrado sobre sua cama, com um bilhete ao lado: "Você vai precisar dele. Muito sucesso!".

No Natal daquele ano, Leonardo foi surpreendido por um telefonema de Bruno, que, entre outras coisas, lhe disse: "Espere-me amanhã à tarde, na rodoviária. Vou abraçá-lo e devolver seu agasalho. Que lição, heim, campeão?!".

*Competir é construir competência...
E não destruir concorrência.*

Atualmente, é cada vez maior a disputa por uma colocação no campo de trabalho. Então, acirra-se um forte espírito competitivo, baseado nesta premissa enganosa: para ocupar o "meu" espaço, eu devo afastar o "outro" do caminho. Com essa mentalidade, desenvolvem-se esforços e empregam-se estratégias de todo tipo. Vale puxar o tapete e escamotear a verdade; valem artimanhas e apadrinhamentos.

Observa-se, porém, que nem sempre o objetivo é o fortalecimento das próprias capacidades, a busca do aprimoramento das competências. Prioritariamente, a meta é o enfraquecimento do concorrente mais próximo.

Por isso, ao final da inglória batalha, nem sempre o vencedor é o que imagina ter chegado lá! Talvez seja aquele que lutou, exercitou-se, adquiriu novas habilidades e promoveu o próprio crescimento. Agora se sente pronto e mais seguro para novas lutas.

Campeão pode ter sido quem não mediu esforços para construir competências em vez de focar a destruição da concorrência como o alvo principal de seu empenho.

Quando chamou o companheiro de campeão, Bruno teve a grandeza de reconhecer uma importante lição de vida na atitude de Leonardo. Nesse jogo, venceram os dois.

Observe estas pistas!

- Competir é uma oportunidade de crescer, agregar valores e promover o fortalecimento do próprio potencial.

- Competência é o maior troféu de quem disputa algo com dignidade e respeito pelo adversário.

- Destruir a concorrência não deve ser o objetivo de quem compete.

- Para ocupar o "seu" espaço, não é necessário afastar o "outro" do caminho, mas conquistar o que lhe é de direito.

- O respeito à dignidade dos concorrentes é uma potente arma na competição.

- Ser competente significa ter espírito de luta.

E a vida ressurgiu!

Carlos Alberto, o primogênito dos três irmãos de uma família muito unida, sentia que, de alguma forma, também havia morrido naquele acidente gravíssimo, fatal para os dois irmãos, que planejavam passar maravilhosas férias na casa de familiares, em uma cidade próxima.

Tudo parecia terminado na vida daquele jovem de apenas 27 anos. Ele se fechou e deixou que os dias, incômodos e rotineiros, escuros e sem perspectivas, transcorressem por sua vida sem percebê-los. Nenhum projeto interessava mais o competente bancário que desejava alcançar altos postos na carreira. Com a namorada, com quem já fazia planos para o casamento, tudo desmoronou. Faltava-lhe disposição para trocas afetivas mais profundas e entusiasmo para investir e concretizar sonhos antigos.

Os pais tudo fizeram. Empenharam-se na superação da própria dor para resgatar a vida do filho, mas sem os resultados desejados.

Em seu emprego, Raimundo era um dos colegas que Carlos Alberto considerava amigo. Admirava-o principalmente pela capacidade de pensar nos outros e estar sempre disponível para servir. Seu apelido era Mundinho. Carlos, porém, costumava chamá-lo Mudinho, pois incontáveis vezes ouvira a narrativa sobre o trabalho que desenvolvia nos fins de semana em um instituto de surdos-mudos. Entusiasmado, o amigo discorria sobre a linguagem dos sinais (na qual era especialista) e o quanto ela era importante para aquele grupo.

Após rejeitar inúmeros convites para conhecer o Instituto, naquela tarde de sábado, quando seria aberta a exposição de artes plásticas do grupo, Carlos Alberto rendeu-se. Não havia mais desculpas para dar ao insistente Mudinho.

Em meio aos semblantes irradiantes de alegria e vivacidade, que utilizavam gestos para comunicar sua opinião sobre as obras de arte expostas, o rapaz não conseguiu conter a explosão de um choro havia tanto tempo reprimido. E entregou-se plenamente à dor. Então eles se afastaram para um lugar mais tranquilo. Em seguida, por mais de uma hora, ao lado do amigo, Mudinho reverenciava silenciosamente o momento solene: o amor novamente germinava no fértil terreno daquele coração.

Nos dias seguintes, era visível o poder do amor ao provocar a ressurreição da vida pulsante naquele jovem e sofrido coração.

*Fonte de vida:
sair de si mesmo para ir
ao encontro do outro
e inseri-lo na dinâmica da existência.*

O sofrimento é um grande mistério presente na vida humana em diferentes manifestações, nas mais diversas realidades. É comum que ele provoque no ser humano uma atitude de total fechamento e impeça o fluxo de vida, que alimenta a própria existência. Sair da vida, isolar-se em um mundo particular são atitudes que manifestam a incapacidade de viver.

Para reencontrar a fonte da vida, é necessário algo que incentive a pessoa a sair de si mesma e ir ao encontro do outro. E somente o amor, que doa sem esperar nada em troca, que consegue tocar sutilmente as cordas da sensibilidade, pode realizar o milagre de fazer que a vida ressurja em plenitude.

Carlos Alberto viveu essa experiência. Imobilizado pela profunda dor sofrida, isolara-se e desistira da luta. O amor do amigo, o amor que perpassava pela vida daqueles artistas especiais, devolveram-lhe o desejo de viver.

Se for devidamente enfrentado nos abalos que provoca, o sofrimento pode oferecer uma nova ordem aos valores existenciais, um diferente sentido para a existência. A partilha dos sentimentos, a necessidade de apoio, o reconhecimento da fragilidade de tudo o que passa permitem uma renovada visão da vida.

Quando consegue reflorescer na vida de quem conheceu o abismo do sofrimento, o amor leva a pessoa a sair de si mesma e ir ao encontro do outro para que, juntos, empreendam a difícil caminhada da existência.

Apontando caminhos

- O sofrimento é uma realidade. Rejeitá-lo, impossível. Enfrentá-lo, um desafio.

- Nele, fechar-se e isolar-se são formas de fugir da existência e negar a dinâmica da vida.

- Sair de si mesmo para ir ao encontro das necessidades alheias é o caminho, por excelência, para fazer a vida reflorescer.

- Quando o amor germina, a vida ressurge, e os frutos não tardam a aparecer.

- Esse amor que faz a vida ressurgir supõe doação, partilha, solidariedade e fraternidade.

- Quando vai ao encontro do irmão de humanidade, o ser humano descobre a fonte da vida em plenitude.

A semente germinou

A rotina da família de Ulisses sofrera grandes contrariedades. Quando ele se casou com Sônia, ambos ainda eram muito jovens. Dessa união, tiveram três filhos. Porém, o casal se separou. Ela deixou os filhos com a avó materna e viajou ao exterior para cursar doutorado, onde voltou a se casar.

Ulisses acompanhava de perto o desenvolvimento dos filhos e lhes proporcionava assistência freqüente. Cristina, a primogênita, ajudava na criação dos irmãos mais novos.

Com o falecimento repentino da avó, Ulisses levou os filhos para sua casa com o apoio integral de Nelma, a segunda esposa, com quem tivera uma filha.

A adaptação dos filhos foi muito difícil. Apesar de, na época, ter apenas 15 anos e estar no início do período conflituoso da adolescência, Cristina era a mais conciliadora. Tentava de várias maneiras conter as crises de rebeldia dos dois irmãos mais novos, Jorge e André, de 13 e 10 anos, respectivamente. Além disso, procurava auxiliar Nelma e aproximava-se da nova irmãzinha, a quem tratava carinhosamente.

À medida que os anos passavam, aumentavam as dificuldades de relacionamento entre Ulisses e os dois filhos. Nelma, a seu modo, esforçava-se para não complicar o quadro, mas era Cristina quem sempre estava por perto para apaziguar os ânimos.

Quando parecia que a rotina familiar tomava um rumo mais harmonioso, surgiu a inesperada notícia do retorno de Sônia ao Brasil para rever os filhos e convidá-los a morar com ela, se desejassem.

Mais uma vez, Cristina exerceu o importante papel de conciliadora. Acalmava os pais e tentava justificar aos irmãos as atitudes maternas. Era a porta-voz da família.

Após várias cartas e telefonemas, foi detalhando à mãe a realidade em que viviam, as dificuldades superadas e as conquistas obtidas. Também conseguiu que o pai e os irmãos se comunicassem com ela.

Nessa situação, transcorreu a visita de Sônia. Ulisses e Nelma concordaram em recebê-la na própria casa. Na ocasião, foram discutidos os problemas e acertadas algumas decisões importantes para o futuro dos filhos. Ela reconheceu a própria omissão e demonstrou o intento de recuperar o tempo perdido. Mas afirmou que respeitaria a livre decisão dos filhos. Cristina comunicou à mãe que ficaria com o pai. Apenas Jorge, então com 18 anos, aceitou acompanhá-la para estudar na universidade onde ela lecionava. André, o mais novo, também resolveu ficar.

Mais que nunca, Cristina foi fiel à missão de unir as duas famílias, que buscavam uma vida mais saudável e equilibrada.

A seu tempo, as sementes de amor produzem frutos de paz.

A presença de alguém capaz de semear a concórdia é sempre uma dádiva a qualquer ambiente, especialmente para o familiar, em que as tensões são mais freqüentes.

Um gesto conciliador, uma palavra serena, uma sugestão positiva em meio a uma acirrada discussão podem significar um aceno à trégua, o relaxamento da corda ameaçada de romper-se.

Essa é a importância de não inflamar o ambiente com a divulgação de fatos negativos ou a repetição de expressões proferidas em momentos de conflito. O efeito mais comum dessas atitudes é minar o terreno com bombas prontas a explodir a qualquer momento. Reacender mágoas, ressentimentos, queixas e intrigas é provocar novas descargas de adrenalina e disposição para prosseguir o embate.

No papel de semeadora da paz e da conciliação, Cristina colheu muitos frutos. É possível imaginar a desagregação dessa família, que sofrera tantos reveses, se não fosse a prontidão da garota em acalmar os ânimos e suscitar a concórdia. Ela garimpava os sentimentos positivos onde estivessem.

De acordo com um provérbio popular, "Colhe-se o que se planta". Desse modo, é necessário o abastecimento do celeiro com sementes de amor. A seu tempo, após uma paciente espera, os frutos brotarão.

Um passo de cada vez

- No celeiro de seu coração, recolha sementes de paz, concórdia e conciliação.

- Espalhe-as nos terrenos por onde passar e acredite na força vital que contêm.

- Ajude a relaxar o retesamento da corda ameaçada de rompimento pela tensão com um gesto ou palavra oportunos.

- Não divulgue sentimentos negativos; não coloque lenha em uma fogueira que começa a se queimar.

- Seja porta-voz da esperança, da harmonia, do equilíbrio e mensageiro da paz.

- No devido tempo, colherá os frutos das sementes espalhadas.

Descoberta valiosa

Na empresa todos reconheciam o dinamismo de Mirta no gerenciamento de vários setores, desde o administrativo até a linha de produção. Entretanto, sua maneira fria e autoritária de tratar os funcionários os levava a manter uma certa distância dela.

Cleusa veio transferida de outra filial para assessorar a gerência. Era uma pessoa amável, comunicativa e atenciosa com todos. Seu rápido entrosamento com a equipe foi tão natural que acarretou na renovação dos relacionamentos, os quais se tornaram mais próximos e solidários.

A partir de então, no quadro de aviso, não faltavam mensagens estimuladoras. Na comemoração dos aniversários, choviam surpresas: para alguns, cartazes bem-humorados sobre a mesa de trabalho; para outros, flores, fotos dos familiares ou mesmo a inesperada visita deles com guloseimas para o lanche. Para cada um, havia um gesto especial, sempre com o toque da sensibilidade de Cleusa.

Para o aniversário de Mirta, foi organizada uma recepção com muitos detalhes. A ocasião contou com a presença dos diretores e gerentes de outras filiais, além da equipe com a qual trabalhava diretamente. Nos agradecimentos finais, Mirta disse algo que esfriou um pouco o ambiente de euforia: "Sei separar a vida profissional dos meus sentimentos e emoções particulares".

Enquanto isso, Cleusa continuava a não perder oportunidades de estabelecer laços afetivos com os funcionários. Repetia freqüentemente que a empresa era a outra casa deles, onde passavam um tempo maior de suas vidas, até mesmo que na própria residência. Porém, não fazia nenhuma crítica a Mirta, nem tolerava os comentários negativos a respeito da chefe. Estava sempre atenta para atendê-la da melhor forma possível.

Nessa época, o filho de Mirta, de apenas quatro anos, foi acometido de uma grave doença, que lhe exigiu um prolongado internamento para a total recuperação.

No período de afastamento de Mirta, Cleusa desdobrou-se. Assumiu as funções da gerência, mas mantinha a chefe informada sobre as decisões mais importantes da empresa e consultava-a, nas freqüentes visitas que lhe fazia para acompanhar o estado de saúde do garoto. Nessas oportunidades, ainda se dispunha a resolver alguns problemas particulares de sua superiora.

Quando retornou ao trabalho, após o restabelecimento do filho, eram visíveis as mudanças nas atitudes de Mirta. Cumprimentava efusivamente os colegas, agradecia-lhes as mensagens, as orações e as manifestações de solidariedade.

Na primeira reunião geral da empresa após seu retorno, para comemorar uma importante meta de vendas alcançada, Mirta desabafou, visivelmente emocionada: "Graças à solidariedade geral, eu encontrei forças para vencer o desafio da doença de meu filho e reconheci o quanto sou frágil emocionalmente. Obrigada por tudo! Vocês são muito importantes em minha vida".

Emoções e sentimentos – linguagem própria, comunicação vital do ser humano

O ser humano não é apenas aquilo que pensa, mas principalmente o que sente e como consegue expressar seus pensamentos e manifestá-los em suas atitudes.

Em certas situações, cargos ou funções, há uma busca equivocada do controle total de emoções e sentimentos a fim de não deixar escapar manifestações de sensibilidade.

Em qualquer circunstância, o ser humano interage com todo o seu ser. Isso significa com a mente, o corpo e o coração. O que se espera de uma pessoa equilibrada que vai galgando os degraus da maturidade, da competência profissional e da experiência existencial é uma forma adequada de expressar os próprios sentimentos e emoções.

Sufocar, dissimular e abafar essas manifestações é apostar na aparência externa, enquanto dissimula a realidade. Além disso, há um acúmulo gradativo de um débito muito alto na autenticidade pessoal, que pode parecer o que, evidentemente, não é.

Talvez Mirta não fosse uma pessoa fria nem insensível; apenas reprimia as manifestações de seus verdadeiros sentimentos.

Quem lidera, dirige ou coordena jamais deveria temer o comprometimento de sua autoridade com a prática de gestos solidários e fraternos. Ao contrário, eles são potenciais estimuladores da capacidade dos liderados.

No trabalho, na família ou em qualquer outro ambiente, quando as pessoas conseguem o entendimento com a linguagem essencialmente característica do ser humano, todos são vencedores. Ela permite a humanização dos relacionamentos em todos os níveis, com o conseqüente despertar da sensibilidade criativa e da sinergia, e possibilita a superação das diferenças e o exercício pleno da comunicação interpessoal.

Lembretes valiosos

- A sensibilidade informa, a partir de sentimentos e emoções, o que o ser humano pensa e sente.

- Sufocar ou reprimir essas manifestações é impedir que a pessoa utilize uma linguagem que lhe é própria.

- Autoridade e sensibilidade podem ser conjugadas em uma personalidade equilibrada e amadurecida.

- Sentimentos e emoções devem encontrar sempre formas adequadas para suas manifestações.

- Na comunicação interpessoal, interagem mente, corpo e coração, ou seja, todo o ser.

- Em qualquer ambiente, a sensibilidade humaniza os relacionamentos e facilita a comunicação.

Tudo é especial!

Lígia e Margarete, quando eram adolescentes, estudaram juntas. Após muitos anos, reencontraram-se como vizinhas no mesmo condomínio.

Apesar das evidentes diferenças entre ambas, mais acentuadas na maturidade, sempre foram amigas.

Lígia possuía um apartamento muito bem cuidado, repleto de louças, cristais, quadros e até uma coleção de bonecas em trajes típicos, representantes de alguns países que conhecera em suas viagens. Enumerava as marcas dos perfumes utilizados somente em ocasiões especiais. Também mantinha engavetadas toalhas e colchas envolvidas em embalagens próprias, para serem usadas nos devidos eventos. Vivia sempre em função de algo especial que ocorreria em sua vida.

Margarete era simples, informal, alegre e cativante. Parecia estar sempre em dia com a felicidade. Seu apartamento aparentava até ser mais amplo, embora possuísse a mesma quantidade de cômodos que o da vizinha. Talvez essa aparente amplitude decorresse do fato de que o local possuía móveis essenciais e discreta decoração.

Nas freqüentes conversas entre as duas, Margarete costumava repetir que, em sua opinião, tudo era especial. Por isso, punha a melhor toalha na mesa quando Janaína – a filha mais velha – vinha almoçar em sua casa com a família. Usava o melhor perfume para ir ao aniversário da sobrinha, que morava em um bairro distante. Oferecia a rede de varandas bem trabalhadas ao amigo do filho, que vinha passar o fim de semana em sua casa.

Dizia com muita convicção: "Cada momento presente é importante para mim; por isso, é necessário torná-lo especial".

E não é que essa convivência "contaminou" Lígia?!

A prova disso ocorreu na tarde em que Margarete combinara uma visita ao apartamento da amiga, a fim de que Lucila (uma jovem carente que no momento estava desempregada e fazia "bicos" como vendedora) pudesse lhe mostrar os produtos que vendia em domicílio.

Ao final da demonstração, Lígia convidou-as a lanchar no terraço, cuja mesinha estava recoberta com uma linda toalha. Ela apressou-se em justificar: "É da Ilha da Madeira, lembrança de uma inesquecível viagem e usada apenas em ocasiões especiais como esta", acompanhada de um discreto sorriso, que Margarete compreendeu perfeitamente.

Cada momento pode ser especial.
Basta considerá-lo assim.

Alguns posicionamentos diante da vida são fundamentais para a definição de seu real sentido. Essa é a importância da reflexão que leva a questionamentos existenciais, cujas respostas marcam a maneira peculiar de enfrentar o desafio do tempo, a ocupação dos espaços e a condução da própria história.

As pessoas, os eventos, os acontecimentos recebem o valor que lhes é atribuído. A forma de vê-los e vivenciá-los está intimamente ligada aos conceitos (ou preconceitos) alimentados. A atitude assumida diante deles é resultado das impressões internalizadas.

Viver no passado é parar no tempo, sem, entretanto, poder retroceder. Em contrapartida, viver no futuro é deslocar-se no tempo, sem conseguir projetar-se nele.

O presente, o que nos é oferecido pelas ocorrências da vida, é, sem dúvida, o tempo para agir, aprender, amar e viver.

Tornar cada momento presente, na complexidade das variadas formas possíveis de atualizá-lo, o melhor instante do dia, é uma escolha inteligente e saudável. Esse é o único espaço temporal para atuar, direcionar, escolher e modificar as atitudes. Por isso, ele deve ser um momento especial!

Margarete escolheu essa perspectiva de vida. E deu-se muito bem. Valorizava os eventos cotidianos mais simples, a eles se dedicava por inteiro e recolhia os dividendos.

Aqui e agora talvez sejam as ocasiões mais propícias para dizer ao cônjuge: "eu te amo", ou ao filho: "você é muito importante em minha vida". Quem sabe é a hora certa de enviar ao amigo aquela carta após o desentendimento ocorrido antes de sua viagem.

Agora é um momento especial!
Mãos à obra.

Nunca é demais lembrar

- O valor de cada momento vivido é relativo à importância que lhe é atribuída.

- Tornar cada momento do dia o mais agradável possível é uma opção inteligente e saudável.

- Simples acontecimentos podem se tornar especiais se nos posicionarmos diante deles de forma positiva, acolhendo-os com amor.

- O momento presente e a oportunidade oferecida se transformam na ocasião propícia para realizar uma opção sábia: torná-lo especial.

- Tornar um momento especial é a arte de transformá-lo em uma ocasião para acolher, servir e doar-se.

- Proporcionar ao outro momentos especiais custa pouco e rende dividendos.

Lição de vida

Casados havia apenas três anos, Leôncio e Jamile não conseguiam mais conviver. Desentendiam-se pelas mais diversas razões: atraso, pressa, convites, notícias, orçamento. Tudo era pretexto para um rosário de queixas, mútuas acusações e difícil reconciliação.

Então, surgiu para Leôncio a oportunidade de fazer um estágio de seis meses em uma empresa de extração mineral, localizada no Norte do País. Eles residiam em São Paulo, onde Jamile deveria ficar não somente porque necessitava aguardar o resultado da seleção para um mestrado na área de Pedagogia, mas também porque a bolsa de estágio não era suficiente para que ele levasse a esposa.

Após saber que não fora aprovada, Jamile resolveu aceitar o insistente convite de uma tia muito querida, Magdala, para que lhe fizesse companhia em sua chácara, localizada no interior de Santa Catarina, no período do estágio de Leôncio.

Entre os fortes argumentos da tia, estava o de que, em uma cidade vizinha, situada a apenas dois quilômetros da chácara, eram desenvolvidos excelentes cursos de educação a distância no Centro de Requalificação Profissional para o Magistério, nos quais seria possível conseguir um trabalho temporário para Jamile.

No ônibus que percorria o trajeto até o Centro, Jamile conheceu Araci. Logo estabeleceram um bate-papo, no qual falavam sobre a atividade desenvolvida no referido local. Ali Araci trabalhava na produção de vídeos que seriam enviados às diversas escolas onde existiam Pontos de Referência para o encontro de estudos dos cursistas de determinada região.

Ela era uma pessoa especial. Atriz e produtora cultural, estava casada havia 13 anos; tinha três filhos e na ocasião residia com a família em uma chácara próxima à de tia Magdala.

Jamile conseguiu um emprego na equipe de produção de vídeos e intensificou a amizade com a nova amiga, com quem teve uma afinidade imediata.

Particularmente, chamava-lhe a atenção o relacionamento de Araci com o marido, um agrônomo dedicado ao plantio de hortaliças e pesquisa em agrotóxicos. Apesar das visíveis diferenças de temperamento e de interesses, eles mantinham uma harmoniosa convivência e se dedicavam à educação dos filhos. Nos fins de semana, ainda dispunham de tempo para as reuniões com os vizinhos em animados churrascos e banhos de cachoeira.

Nas longas conversas mantidas, as duas amigas trocavam experiências e refletiam sobre o universo desafiador do relacionamento conjugal.

Foi um período extremamente útil para Jamile, que descobria em si a nova mulher que ainda não se revelara. Essas novidades eram comunicadas ao marido em telefonemas e longas cartas, que passaram a trocar com freqüência.

Ao término do estágio de Leôncio, enquanto preparava a bagagem para retornar a São Paulo e vivia a ansiosa expectativa de reencontrá-lo, Jamile recebeu um significativo cartão do marido, no qual declarava: "Conto as horas e minutos que me separam do momento de estreitar nos braços minha nova mulher".

Ser verdadeiro amigo é partilhar, estimular e vibrar com as conquistas do outro.

A amizade é um dom. Cultivá-la e conservá-la é ter sempre à disposição um benéfico canal de comunicação a fim de partilhar idéias, ouvir sugestões e amadurecer decisões.

Entretanto, pela forte influência que as amizades podem exercer, torna-se necessária a seleção daquelas especiais. Conviver, ter bom relacionamento social com colegas de escola, do trabalho ou de quaisquer grupos freqüentados é, sem dúvida, algo importante. Mas é diferente quando se trata de amigos mais próximos, com quem, efetivamente, abre-se o coração, faz-se confidências e revela-se sentimentos mais profundos.

Nesses casos, a prudência nunca é demais! Pela importância gradativamente adquirida, a tendência é que o amigo conheça sempre mais a intimidade do outro. A partir daí, suas idéias e convicções ganham importância. Quando se refere ao relacionamento conjugal, essa influência é ainda mais delicada, pois envolve o parceiro, cuja vida particular precisa ser devidamente respeitada.

Porém, ao encontrar um amigo sensível e preparado, experiente, seguro e comprometido com o bem-estar do outro, é possível a estimulação de mudanças eficazes e o oferecimento de um significativo crescimento pessoal.

É maravilhosa a descoberta da fonte de amor humano, que deve ser o suporte do amor conjugal. Ele inspira a doação, a gratuidade e a sensibilidade para a percepção das necessidades do parceiro. Também orienta a sexualidade como resposta aos anseios mais profundos do casal.

Jamile encontrou uma verdadeira amiga, que pôde auxiliá-la no desabrochar de uma nova visão de si mesma, do outro e do mundo.

"Amigo é coisa pra se guardar no lado esquerdo do peito".

Memorize e viva

- A amizade é algo a ser preservado e cultivado com zelo particular.

- O verdadeiro amigo é alguém que auxilia o outro na descoberta de suas reais possibilidades.

- É prudente a seleção dos amigos especiais, pela influência exercida na formação dos conceitos e nas decisões importantes.

- Uma boa amizade estimula mudanças e proporciona uma nova visão de si mesmo, do semelhante e do mundo que o cerca.

- Um amigo é um tesouro: desperta a sensibilidade, partilha as descobertas e vibra com a felicidade do outro.

- A amizade é fruto desse amor, que oferece sem nada pedir em troca.

Solidão e carência

No condomínio onde morava, a presença do sr. Camilo incomodava a maioria dos moradores. Em sua cadeira de rodas, sempre ranzinza, ele reclamava de tudo: do desperdício de água do zelador ao regar a grama do jardim; da gritaria das crianças nas partidas de futebol, organizadas no campinho do prédio; da demora do carteiro na entrega das revistas que assinava... Enfim, de quase todos, tinha algum motivo por que resmungar.

Após quase meio século de casamento, havia perdido a esposa. Como o casal não teve filhos, ele passou a morar com um sobrinho, com o qual também não mantinha um bom relacionamento.

No passado, havia sido oficial da Marinha. Por esse motivo, conheceu diversos países, dos quais guardava muitas lembranças. Porém, nunca encontrava nenhuma companhia para compartilhar suas longas histórias.

Certa tarde, uma jovem estudante de arquitetura chegou ao condomínio para conhecer um apartamento que estava à venda e que lhe interessava particularmente, porque era bem próximo à faculdade onde estudava.

Ao avistar o sr. Camilo, que como sempre estava próximo à balaustrada do saguão do prédio, ela cumprimentou-o com um largo sorriso. Ele foi pródigo em desfiar as informações (principalmente as negativas) sobre a vida no condomínio.

Após ter visitado o apartamento, Angela disse ao idoso que voltaria com as duas colegas, com quem iria dividir o apartamento, para fechar o negócio.

Duas semanas depois, chegaram as novas moradoras. De sua cadeira, o sr. Camilo acompanhou todo o vaivém da mudança e não conseguia esconder um certo brilho no olhar e uma alegria incomum.

Diariamente, ao passar pelo térreo do edifício, Angela sempre levava algo para o idoso: uma notícia, uma revista, uma foto da família, uma fruta, enfim, um tempinho para dedicar-lhe um pouco de atenção.

À tardinha, quando estava em casa e dispunha de tempo livre, ela descia ao térreo, sentava próximo à cadeira de rodas do sr. Camilo e, atentamente, ouvia longas histórias de suas aventuras mares afora. Ele se empolgava, gesticulava e, às vezes, ria ou embargava a voz, emocionado.

Dois anos depois, quando concluiu o curso, Angela foi fazer uma especialização em outro estado. Antes de viajar, não se esqueceu do novo amigo. No momento da despedida, ao apertar-lhe fortemente a mão, o sr. Camilo chorou.

Um coração solitário e carente
pede esmolas de atenção...
em linguagens diversas.

A terceira idade, as limitações físicas, a ausência de familiares e amigos são caminhos abertos para a dolorosa viagem rumo à solidão, geralmente acompanhada de carências, manifestadas nos mais diversos comportamentos. Eles se expressam em linguagens próprias, de acordo com a escala de valores existenciais de cada pessoa.

Rabugice, intolerância, impaciência, implicância são formas comuns de gritar ao mundo: "Estou só, olhem para mim, preciso de atenção...". Sisudez, retraimento, silêncios indefinidos podem significar pedidos de socorro de um coração que se fecha por falta de interlocutores.

Nos dias atuais, a pressa e a correria colaboram para aumentar a solidão e a carência de quem necessita de um aceno, uma palavra apenas, qualquer gesto que comunique: "Eu o vejo, eu estou aqui. Conte comigo".

Para reacender a chama desse amor que habita em cada ser humano, é necessário que algo ou alguém o desperte. Ao fazê-lo, o doador, por sua vez, aciona em si mesmo a própria chama e dela se alimenta. Então, sente-se dilatado, preenchido e feliz. É uma dinâmica maravilhosa!

Esse amor é desta maneira: ganha o que perde, preenche-se do que doa, acumula o bem que reparte.

Ao estabelecer essa comunicação com o universo interior dos solitários e carentes, todos ganham, principalmente os mais jovens. Estes acumularão vivências e despertarão a sensibilidade para enfrentar os tempos futuros, com seus desafios e incertezas. Assim, vão adquirir a imensa capacidade de nunca se sentirem solitários (mesmo sozinhos) nem carentes (mesmo se lhes falta algo).

Possivelmente, Angela enriqueceu-se com a experiência desse amor gratuito, enquanto com sua atenção despertou a sensibilidade que o sr. Camilo não conseguia expressar por tantos anos.

Dicas importantes

- *A motivação originária dos diversos comportamentos constitui linguagem especial para a expressão dos sentimentos.*

- *É importante que essa linguagem seja decifrada, a fim de responder-lhe adequadamente.*

- *Fechamento, intolerância, impaciência, rabugice podem ser traduzidos como pedidos de socorro diante da solidão e suas carências.*

- *Com gestos simples de acolhimento e atenção, pode-se dizer ao solitário e carente: "Estou aqui, você não está só".*

- *Ao despertar em alguém o amor humano que nele habita, o doador reaquece em si mesmo a própria chama, e dela se alimenta.*

- *Olhe ao redor! Não negue esse amor a ninguém! Sem o perceber, você será o maior beneficiário dessa doação.*

Aquela "falta de ar" era...

Mariah estava casada havia seis anos quando decidiu engravidar, pois aproximava-se dos quarenta anos e não deveria mais adiar essa decisão. No início do casamento, o marido insistira muito na idéia, mas depois se acostumou.

Na empresa, a ascensão profissional de Mariah exigia-lhe muitas viagens, cursos, congressos, o que constituía mais um fator para desestimulá-la. Naquele momento, seu afastamento do emprego para se dedicar totalmente a um recém-nascido talvez fosse uma resolução arriscada diante da forte concorrência no ambiente de trabalho. Mesmo assim, decidiu-se: "Ter um filho faz parte do meu projeto de realização pessoal".

Pouco tempo depois, chegou a notícia, comprovada pelos exames: Mariah seria mãe de uma menina, exatamente como sonhara.

As providências não tardaram. A todos os lugares onde ia, ela recheava a bagagem com presentes, roupinhas, objetos e adereços infantis. O quarto do nenê, projetado por um renomado arquiteto, ocupava dois cômodos da casa, um dos quais seria destinado à babá.

A criança se chamaria Vitória, cujo nome foi escolhido pelo pai. Rindo, ele explicava a razão da preferência: "Vitória significa que a vida venceu". Mariah compreendia que, com certeza, a batalha a qual ele se referia era aquela travada entre a maternidade e o sucesso profissional.

A menina nasceu saudável. Após dois meses, Mariah retornou às funções na empresa; desdobrava-se para suprir a prolongada ausência, a fim de reassumir o controle da situação. A cada dia, o horário de expediente ficava mais extenso. Às vezes, somente à noite ela conseguia retornar para casa e ficar um pouco com a filha. Com o pai, a situação não era muito diferente.

A criança se desenvolvia normalmente, pois a eficiente babá dispensava-lhe os cuidados necessários. Mariah fazia-lhe recomendações diárias, mas confiava em sua competência e dedicação. Nas visitas ao pediatra, era a babá que lhe repassava a maior parte das informações.

Quando completou dois anos de trabalho, inesperadamente a babá pediu dispensa e foi substituída. Então Vitória apresentou um quadro de forte crise alérgica, com problemas respiratórios, e necessitou de internamento em uma clínica especializada.

O tratamento foi bastante cuidadoso, porém as crises voltavam, apesar da observância de todas as recomendações médicas.

Após diversas consultas com vários especialistas, um deles afirmou a Mariah: "Esta falta de ar é ocasionada pela ausência dos pais".

Amar é mais, muito mais que dar algo ou prover necessidades concretas. É dar-se!

Ao decidir gerar uma vida, é necessário que os pais façam dessa resolução um grandioso ato de amor, pelo qual canalizam ao novo ser toda a capacidade de renúncia e de superação de outros interesses mais imediatos. De maneira especial, no período da gestação e nos primeiros anos de vida, enquanto o filho estabelece as bases de uma relação afetiva, fundamental para o equilíbrio de seu pleno desenvolvimento.

Desejar um filho apenas como forma de realização pessoal pode significar instrumentalizá-lo, considerá-lo um meio para atingir um objetivo próprio: ser feliz.

Não se trata somente da presença física dos pais, pois ela não responde completamente às necessidades apresentadas pela criança, principalmente nas primeiras fases da vida. Essa presença deve traduzir-se em interação, trocas afetivas pelo desenvolvimento da linguagem natural do toque, da voz, do olhar e das carícias.

Nesse estágio, são fixadas as raízes desse amor humano que, ao circular entre pais e filhos, deverá produzir muitos frutos pela vida afora.

A criança possui uma incalculável capacidade de perceber e reagir a esses contatos, bem como de internalizá-los, de acordo com as marcas interiores que os motivam.

A correria dos tempos modernos, a obstinada dedicação para ascender social e profissionalmente, obter sucesso a qualquer custo e enfrentar o desafio da competitividade se constituem em sérios obstáculos na relação entre pais e filhos.

Amar o filho implica muito mais que apenas lhe prover as necessidades concretas, rodeá-lo de conforto, objetos e adornos. É preciso doar-se a ele, em forma de tempo, atenção e afeto, com a valorização dos momentos passados juntos.

Para Mariah, a falta de ar de sua filha pode ter sido realmente uma forma de expressar carência da presença, do aconchego e das trocas afetivas entre ela e os pais.

Guarde na memória

- Gerar um filho deve ser um consciente ato de amor, expresso em doação, gratuidade e renúncia.

- O amor paterno deve fundamentar suas bases nesse amor humano que se doa sem esperar retorno, que se entrega sem cobranças.

- As trocas afetivas entre pais e filhos devem se efetivar no toque, no olhar, nas carícias, como resposta às necessidades naturais da criança.

- O seio materno e o colo dos pais são bases seguras para o desenvolvimento perceptivo do novo ser, que positivamente vai descobrindo o mundo e a vida que o rodeia.

- Não basta somente prover as necessidades concretas do filho, ou seja, dar-lhe coisas. É necessário dar, em forma de presença física, aconchego e carinho.

- Conceber e educar um filho seguro e feliz é a desafiadora tarefa dos pais modernos, vítimas da correria que atropela e da competitividade que sufoca.

Amar até o fim

Aos 14 anos, Virgínio começou a trabalhar como *office-boy* na megaempresa de transportes pertencente ao sr. Geraldo. Fora contemplado com um estágio de trabalho oferecido à entidade mantenedora de menores carentes, da qual ele fazia parte.

Começava ali uma vida nova para o jovem, que tinha grandes sonhos. O sr. Geraldo sentiu-se atraído pelo jeito seguro, decidido e prestativo do rapaz. Por isso, ao final do período de estágio, contratou-o como auxiliar de almoxarifado.

Alguns anos depois, Virgínio se tornou assessor do sr. Geraldo, a quem costumava acompanhar em viagens de negócios.

Nos últimos meses, o rapaz percebeu que algo muito sério ocorria com o chefe, pois ele andava misterioso, impaciente e incapaz de esconder uma certa angústia. Não tardou a saber do real motivo da perturbação: Hélio, o filho mais novo do sr. Geraldo, estava seriamente envolvido com drogas.

Virgínio não se acomodou. Enquanto procurava atender da melhor forma possível aos encargos da empresa, ele tentava descobrir meios de auxiliar mais efetivamente na desafiadora situação da família do patrão.

Então, teve uma idéia: procurou um grupo de que participava, cujos voluntários mantinham uma fazenda em outra cidade destinada à recuperação de dependentes químicos, com métodos que ele conhecia e considerava muito eficazes.

Sem divulgar seus planos a ninguém, solicitou uma licença de alguns dias para tratar de assuntos particulares. Então viajou à referida fazenda, a fim de pedir orientação aos amigos sobre a forma mais correta de se posicionar diante da situação, embora nada ainda lhe houvesse sido confiado.

Voltou decidido a abordar o sr. Geraldo e apresentar-lhe as propostas sugeridas pelos voluntários.

Porém, isso não foi fácil, pois o chefe estava abatido, cada vez mais distante e arredio. Além disso, faltava constantemente ao expediente.

Certa manhã, o chefe antecipou-se. Fechou a porta da diretoria, olhou firmemente para Virgínio e disse-lhe: "Agora, mais que nunca, eu preciso de você. Ajude-me a encontrar uma saída para eu ter meu filho que se perdeu no caminho das drogas de volta". Após um respeitoso silêncio entre os dois, o rapaz afirmou-lhe: "Eu já estava providenciando isso".

E a luta começou! Na fazenda, o jovem recuperando atravessava as sucessivas fases do tratamento, entre avanços e recaídas. E Virgínio era o elo entre todos.

Na primeira visita dos familiares, ele estava presente. Acompanhava cada passo, auxiliava na solução de todas as dificuldades. Crescia e intensificava o diálogo com o sr. Geraldo também no plano pessoal, uma vez que ele lhe expunha os sentimentos e falava sobre a reviravolta causada em sua vida pelos dolorosos fatos.

Foram dois anos de lutas e expectativas.

Recuperado, Hélio tornou-se mais um voluntário na fazenda, onde resolveu permanecer, para auxiliar outros jovens que, como ele, perderam o rumo, a direção e o sentido da vida.

Quanto a Virgínio, o sr. Geraldo costumava repetir: "Ganhei mais um filho".

> *Amar até o fim é fazer TUDO que está ao nosso alcance... sem desanimar.*

Amar não pode ser apenas seguir um impulso, dar alguns passos e se contentar. Não. Significa ir além, buscar, descobrir novas formas de solucionar o problema, sem desanimar diante dos obstáculos, nem recuar ante as adversidades. É seguir em profundidade.

Amar até o fim significa, pois, fazer tudo o que nos é possível em um determinado momento, sem perder de vista outros meios e possibilidades de enfrentar as situações.

Esse amor, sobre o qual estamos refletindo, possui seus mistérios. Ilumina, provoca sabedoria e desperta coragem antes desconhecidas, que causam admiração em quem as experimenta. É mesmo uma arte.

Duas considerações sobre a arte de amar até o fim. A primeira delas é recomeçar, que significa ter a simplicidade de reiniciar o processo sem desistir ante fracassos ou dificuldades. A segunda é acreditar que, a cada decisão de recomeçar, surge uma nova luz, que gera sabedoria, discernimento e aponta outros caminhos.

Experimente! Esse amor acende centelhas que iluminam tudo ao redor. Quando se ama assim, desinteressadamente, brota do interior uma visão clarificada dos fatos e uma desconhecida determinação.

Esvaziar-se, portanto, para conter as necessidades do outro, é um exercício interior que conduz à ampliação, à dilatação do ser. Vai na contramão do egoísmo que confina, estreita e limita esses espaços vitais. Por isso, amar até o fim possibilita crescimento e fortalecimento do ser humano.

Quem ama dessa maneira se ajuda, antes de auxiliar alguém; nutre-se, antes de alimentar o outro; enxerga-se melhor, antes de perceber o que está ao redor.

O processo de envolvimento de Virgínio com a família do sr. Geraldo apresentou todas as características desse amor sem medidas.

Posso ser sempre melhor

- Amar é uma arte. Por isso, pode ser constantemente aperfeiçoada.

- É preciso amar até o fim. Nunca desanimar, nem retroceder. Recomeçar sempre.

- Esse amor provoca uma energia especial, que impulsiona, clarifica e aponta novas soluções.

- Os frutos desse amor ampliam e dilatam os espaços interiores do ser humano, enquanto o egoísmo os confina e limita.

- A medida desse amor é o amor sem medidas, renovado, atualizado, portanto ilimitado.

- Se fizermos TUDO o que nos é possível, ocorre o impossível.

Além dos sentimentos

Na terceira geração, os membros daquela família ainda cresciam com um arraigado sentimento de vingança e total rejeição aos familiares de um tio, que, na disputa por uma herança, assassinara um sobrinho.

Nas localidades próximas às cidades interioranas onde residiam os parentes, nas quais a maioria dos habitantes conhecia a longa história, era mantida acesa a chama do ódio e do repúdio entre os membros da tradicional família.

Débora, porém, não conseguia aceitar essa situação. Sempre que havia alguma oportunidade, manifestava sua opinião diante dos fatos. Entretanto, esse assunto não devia ser comentado abertamente na família porque, segundo os mais velhos, era "uma questão de honra".

Após a conclusão do curso de medicina, Débora fazia residência médica em um pronto-socorro da capital do estado. Em um de seus plantões noturnos, um jovem aparentando ter a mesma idade que a sua e que fora vítima de assalto deu entrada no hospital em estado grave.

Juntamente com a equipe, a noite inteira, Débora desdobrou-se nos cuidados ao paciente, participou da cirurgia e acompanhou todos os procedimentos médicos. Além disso, empenhou-se para que fossem realizadas as providências necessárias no caso.

Na manhã seguinte, ao entregar o plantão, que susto! Quando fazia as anotações de rotina no prontuário, ela observou os dados pessoais do paciente e verificou que se tratava de um primo, exatamente por parte daquela família rival, cujos membros desconhecia completamente. Foi um tumulto de sentimentos, os quais a deixaram em um estado de descontrole emocional. Ao perceber a situação, uma colega se aproximou. Então Débora lhe contou o ocorrido.

A partir daí, iniciou-se uma intensa luta interior entre os sentimentos experimentados por Débora: ora inclinava-se a fazer pelo jovem o que estava a seu alcance; ora vinha-lhe à tona a rejeição da família contra esses parentes e até mesmo o temor da reação deles, caso soubessem que ela dispensava assistência médica ao jovem.

Pensou, então, em pedir que a direção lhe concedesse o afastamento do caso, a fim de evitar problemas emocionais e, principalmente, familiares.

A colega ajudou-a a refletir sobre a questão ética que envolvia o caso e a oportunidade vislumbrada para o rompimento do ciclo de vingança e ódio que permeava a vida familiar. Assim, deu-lhe força e apoio, a fim de que tomasse a decisão correta e fosse além dos sentimentos de revolta para prestar àquele jovem a devida assistência.

Na fase de recuperação do paciente, em uma visita de rotina, Débora encontrou no quarto uma irmã do jovem, que, sem reconhecê-la, abraçou-a espontaneamente. Após agradecer-lhe por tudo o que fizera pelo irmão, a moça atribuiu a seu zelo e dedicação a pronta recuperação do estado de saúde dele. A médica estremeceu! Depois, comentou com a colega: "Agora eu me sinto livre. Reconheci que, para experimentar a força do amor que liberta e constrói, é preciso ir além dos sentimentos que escravizam e destroem".

Para amar, é preciso ir além dos sentimentos mesquinhos que escravizam e destroem.

Os sentimentos experimentados por alguém estão sempre condicionados a diversos fatores, entre os quais a cultura, a educação familiar, os valores (e contravalores) transmitidos entre as gerações. Decorre dessa constatação a necessidade de uma permanente reflexão sobre as motivações deflagradoras de nossos comportamentos, como respostas da sensibilidade pessoal a essas motivações.

Alguns sentimentos negativos, como a vingança, o repúdio e a revolta, alimentam preconceitos que se alastram no ser e estabelecem as bases de uma verdadeira dependência, que escraviza e sufoca a necessidade natural do ser humano de amar e ser amado.

Quando alguém se conscientiza dessa realidade e emprega esforços para superar as barreiras deixando-se guiar por essa força interior que o impele a amar, experimenta uma profunda sensação de liberdade. É como se desatasse um nó que o impedia de crescer, de voar mais alto, de conquistar maiores espaços. Ser livre é, sem dúvida, o grande desejo dos seres humanos.

Em relação a Débora, com a capacidade de ultrapassar a distância que a separava do primo, certamente fez quebrar um forte elo da corrente de desamor e vingança. Então venceu o amor, o qual originará novos e viçosos frutos a ela e para as próximas gerações de seus familiares.

Portanto, amar é mais que um impulso sentimental. É a decisão da vontade. É a conseqüência de um ato consciente e refletido. É o fruto do esforço de ir ao encontro da verdadeira liberdade. É a escolha da melhor parte.

Para refletir e vivenciar

- Os sentimentos negativos cultivados envenenam o coração e impedem o fluxo natural do amor.

- Reconhecer os sentimentos escravizadores e conscientizar-se do mal que provocam é um caminho seguro para a libertação.

- Alimentar sentimentos de vingança é fechar o próprio coração e negar-lhe a possibilidade de dilatar-se livremente.

- Quebrar um elo da corrente do ódio e do desamor é iniciar um processo de vida nova, a fluir em si mesmo e em todos os que nela estão envolvidos.

- Amar é muito mais que um simples impulso sentimental; é fruto de um ato consciente e uma decisão da vontade.

- Ser livre, crescer, ampliar os próprios espaços são anseios do ser humano. E isto só é possível a quem ama.

Um elo de amor

A separação de Vanessa e George foi muito traumática. Os três filhos menores sofreram sérias conseqüências desse período de turbulências. Na confusão reinante na família, era comum a interferência da mãe de George, uma senhora autoritária, sempre disposta a proferir julgamentos e definir sentenças.

Os filhos foram morar com Vanessa. A cada quinze dias, eles deveriam passar o fim de semana com o pai, na casa da avó, com quem ele passou a residir após a separação. O retorno dessas visitas causava sérias e visíveis alterações no comportamento das crianças.

Após algum tempo, Vanessa convidou Angélica, sua sobrinha, para morar em sua companhia. Dessa maneira, a jovem podia auxiliá-la na assistência aos filhos e também se preparar para o vestibular.

Com apenas 18 anos, ela demonstrava muita maturidade e equilíbrio. Por isso, sua presença não apenas supriu um pouco a ausência de Vanessa, que trabalhava em dois períodos, como também levou muita alegria para a nova família. As crianças mantinham com a prima um relacionamento próximo, pois auxiliava-os nas tarefas escolares, contava-lhes histórias e, juntos, inventavam divertidas brincadeiras.

À medida que se intensificava a convivência, tornaram-se comuns as confidências das crianças sobre o pai e a avó após as visitas de rotina. Elas se queixavam de que não gostavam daquela casa, por isso algumas vezes até inventavam doenças para escapar do "castigo". A maior revolta partia de Hérica, a mais velha, pois a avó fazia-lhe muitas perguntas, censurava as atitudes maternas e mandava recados, os quais a garota transmitia imitando-lhe a voz e os gestos. Por fim, repetia que, quando passava o fim de semana fora, o melhor momento era quando retornava à própria casa.

Angélica ouvia atentamente as queixas e reclamações, mas sempre tinha um jeito especial de contorná-las, sem complicar ainda mais a difícil situação. Combinava com as crianças para que não contassem tudo à mãe, para não fazê-la sofrer.

Com a tia, a jovem podia conversar abertamente sobre os problemas. Elas discutiam sobre o desenvolvimento saudável das crianças, e a sobrinha dava sugestões para a mudança de estratégias no relacionamento delas com a avó e o pai.

Enquanto isso, começaram a surgir boas idéias. A confecção de uma caixinha, feita com dobraduras, em que eram postos diversos bilhetinhos; a criação de um porta-retratos feito de colagens de revistas com as fotos do pai, da avó e dos netos no passeio que fizeram ao parque. Também havia a sugestão de Hérica pedir que a avô a auxiliasse na tarefa escolar sobre a árvore genealógica paterna.

Assim, com simples gestos, construíram-se alguns elos de uma aproximação mais saudável e recíproca valorização. Ao mesmo tempo, arrefeceram-se os ressentimentos, e as crianças passaram a levar fatos interessantes para contar em casa.

Foi somente na festa de encerramento do ano escolar que a avó conheceu Angélica pessoalmente, sobre a qual as crianças tanto falavam. Passou todo o tempo da festinha a seu lado, e as duas conversaram muito. E não faltaram assuntos interessantes na ocasião.

Ao final, a avó afirmou-lhe: "Sua companhia foi muito importante para meus netos. Agora, eles parecem mais felizes e comunicativos".

Por sua vez, pensando consigo mesma, Angélica concluiu: "E a avó também...".

Apenas um elo pode significar nova seqüência em uma corrente de amor.

É interessante a constatação de que, após o início de uma corrente, há uma tendência de que o encadeamento prossiga, seguindo uma seqüência relativamente uniforme. Podemos observar que, quando uma pessoa fala mal de outra e lhe aponta as faltas, é comum surgirem outros depoimentos na mesma linha. Se surgir um relato positivo, é possível que se quebre a resistência da cadeia.

Essa é a importância de se iniciar correntes positivas. Assim, o bem, o belo, o construtivo podem se impor em um ambiente, situação ou interação.

Esse parece ter sido o grande trunfo de Angélica. Naquela família, com quem passou a conviver, havia uma corrente de elos negativos, os quais produziam apenas queixas, mágoas e ressentimentos em uma constante retroalimentação, que resultava em efeitos prejudiciais aos envolvidos.

Sua capacidade de amar possibilitou que a situação fosse considerada sob outro ângulo. Despertou-lhe a sensibilidade e a criatividade. Desse modo, surgiram elos de outra cadeia. Algo positivo passou a estimular outras idéias, também positivas. O melhor de cada um aflorava enquanto arrefeciam os sentimentos causadores de um difícil relacionamento.

Semelhantemente a um novelo que se desenrola a partir de um fio iniciador do processo, há um natural encadeamento na seqüêncial de fatos positivos ou negativos, de acordo com a origem. Por isso, é natural que, conseqüentemente, o bem acarrete acontecimentos bons. O mesmo ocorre (e com maior impulso) com os fatos negativos.

O amor sempre encontra novas formas de expressar-se, de manifestar-se concretamente. Os agentes do processo motivam-se cada vez mais e se sentem felizes. O bem-estar experimentado estimula essa continuação e fortalece a corrente do bem.

Basta ser, sempre que possível, um elo de amor!

Vale a pena: confira e pratique!

- *A tendência de uma corrente de fatos é repetir sua origem positiva ou negativa. Aposte no bem!*

- *Atenção! Você pode quebrar uma corrente negativa ao incluir nela um elo positivo. Comece e verá!*

- *Um ambiente, uma situação podem se transformar com o despertar da sensibilidade e da criatividade individual. Experimente e comprove!*

- *O bem-estar proporcionado por uma corrente positiva estimula e motiva sua continuação. Inicie e descubra!*

- *Pequenos gestos ou simples atitudes são suficientes para iniciar o processo de mudanças de uma corrente. Ame e afirme!*

- *Ser um elo de amor é proporcionar o bem a si próprio e aos que estão interligados à mesma corrente. Confira e pratique!*

Muros ou pontes?

Quando chegou ao colégio para assumir a disciplina língua portuguesa, Marilene foi informada sobre o clima tenso reinante no Departamento havia dois anos. Os professores Noaldo, de literatura, e Marise, de educação física, declaravam-se inimigos, evitavam encontrar-se e já haviam, de certa forma, conseguido dividir a opinião dos demais colegas.

Apesar de lhe terem relatado muitas versões sobre essa situação, sempre acompanhadas de julgamentos e diversidade de pontos de vista, Marilene preferiu não opinar. Dessa maneira, procurou não aprofundar comentários, nem fazer indagações a respeito dos conflitos existentes no novo ambiente de trabalho. Queria fazer as próprias descobertas.

Então começou a trabalhar com entusiasmo e aproximou-se dos colegas para conhecer melhor o planejamento individual. Logo se empenhou na proposta da elaboração de um projeto de estudo interdisciplinar (área de sua especialidade), no qual procurou envolver toda a equipe.

O professor Noaldo, muito reservado, evitava argumentar sobre as propostas e se mantinha afastado, silencioso, meio indiferente ao que se passava no grupo. Marise, porém, meio tagarela, não se concentrava muito nas discussões pedagógicas, mas aos poucos foi conhecendo melhor as idéias e resolveu aderir ao projeto.

Enquanto isso, Marilene esforçava-se em conhecer mais de perto cada colega para descobrir-lhes os aspectos positivos e neutralizar o que considerava negativo ao desenvolvimento do trabalho. Sua presença abrandou um pouco o ambiente e não demorou para que se tornasse a líder do grupo.

Ao final do ano letivo, nas comemorações de encerramento das atividades do projeto, a equipe preparou-se para apresentar festivamente a conclusão do trabalho desenvolvido com várias turmas da escola.

Cada professor deveria apresentar os resultados de seu trabalho por meio de expressões diversas, como exposições, danças, peças de teatro, murais ou outras manifestações artísticas. Todos mantinham segredo sobre a apresentação no evento. Havia muita movimentação e euforia entre os alunos; por sua vez, os professores também não conseguiam esconder a ansiedade.

No dia do evento, Marilene teve uma surpresa: uma turma, sob a orientação da professora Marise, apresentou uma coreografia intitulada Muros e Pontes, na qual os alunos, em dois grupos distintos, simultaneamente demonstravam a construção de um muro, que os separava e impedia a comunicação, e de uma ponte, que os mantinha interligados.

No processo de avaliação do projeto, houve um destaque especial para a mensagem contida na coreografia, quando muitos se manifestaram e aprofundaram o conteúdo.

No início do ano letivo seguinte, percebia-se que alguns tijolos do muro que dividia o Departamento haviam caído, e surgia uma visível disponibilidade para a construção de pontes entre seus integrantes.

Muros fecham, dividem e isolam.
Pontes unem, aproximam e comunicam.

A exemplo do que ocorre em nossos dias, quando estamos cercados por construções de pedra e cimento, é comum imitá-las na edificação de nossa vida interior.

A onda de individualismo e egoísmo que invade as relações pessoais em todos os níveis constitui um apelo à construção de muros que dificultam a comunicação e predispõem ao isolamento e à divisão.

Na abertura para fora de si mesmo, na consciência de que as pessoas são seres "para" e "com" o outro, está o alicerce para as pontes que precisam ser construídas ao nosso redor. A partir delas, flui a comunicação, ocorrem as trocas enriquecedoras, efetiva-se a partilha e torna-se possível a aproximação.

No ambiente onde passou a trabalhar, primeiramente Marilene não se dedicou a derrubar os muros que impediam o bom relacionamento do grupo. Ela se empenhou na descoberta dos espaços favoráveis, dos melhores terrenos, e começou prudentemente a construir pontes entre a equipe. Por ali, todos tinham livre passagem. As características pessoais eram respeitadas, os valores evidenciados e os pontos negativos neutralizados.

Os resultados não tardaram a aparecer. O vaivém livre e desimpedido, por onde todos podiam circular, ofereceu novas perspectivas àquele grupo, e muitos frutos amadureceram.

Os muros fecham e isolam as pessoas. Fomentam os julgamentos, preconceitos e distanciamentos. A comunicação não se estabelece, as idéias não se renovam. É um retrocesso!

As pontes convidam ao encontro, à interação e ao auxílio mútuo. Então o ser humano encontra as condições favoráveis para refletir, aprender e mudar. Pessoal e socialmente, é fator de progresso!

Uma conseqüência é evidente: à medida que as pontes facilitam a comunicação e integração, tem início a ruína dos muros.

Estratégias de bem viver

- *É sensato e prudente conhecer em profundidade o ambiente novo onde passamos a conviver. Não avance o sinal!*

- *Os comentários e referências sobre as pessoas não devem ser absorvidos sem critério próprio. Analise e descubra!*

- *Preconceitos, intrigas e julgamentos são tijolos fortificadores da construção de muros. Perceba e tome uma decisão!*

- *Acreditar nas pessoas, estimulá-las e realçar seus pontos positivos são alicerces seguros para a construção de pontes. Mãos à obra!*

- *Tecer intrigas e alimentar discórdias é poluir o clima por onde você circula. Promover o crescimento pessoal e do grupo é purificá-lo. Faça sua escolha!*

- *As pontes permitem a liberdade de movimentar-se na direção dos outros, amar e ser feliz. Você merece isso!*

Troca de experiências

Lucimar tinha três filhos, dos quais o mais velho era Franklin. Quando ele tinha apenas oito anos, sua avó, d. Antonieta, que era viúva e morava sozinha, contraiu paralisia em virtude de grave doença vascular. Sem condições de sobrevivência, ela foi acolhida na casa da filha.

Então, foram confiadas a ele várias tarefas, entre as quais empurrar a cadeira de rodas da avó na ausência de Lucimar, que trabalhava fora e confiava à mãe a supervisão da casa, o acompanhamento do dia-a-dia das crianças menores e das tarefas da empregada.

O relacionamento entre avó e neto era muito tenso, pois ele se irritava quando precisava deixar as brincadeiras para atender os insistentes chamados da d. Antonieta.

Assim, Franklin chegou à adolescência e, apesar dos conselhos e advertências maternos, nunca se aproximava da avó sem resmungar ou queixar-se.

Nesse período, ele foi convidado para ir a um acampamento de jovens durante o carnaval, promovido pela igreja que a família freqüentava. Lá, além de muitas brincadeiras e competições esportivas, os jovens teriam oportunidades de receber orientações, formação moral e religiosa.

Na programação das atividades, havia um momento especial de troca de experiências, no qual, diante do grupo, alguns jovens narravam suas histórias de vida e davam o testemunho de como superaram os desafios e enfrentaram as próprias dificuldades.

Gabriel, de 15 anos, relatou aos companheiros que, desde os sete, ajudava a mãe a cuidar do avô, que, após um sério acidente automobilístico, ficara paraplégico. Detalhou, então, como conciliava a escola, as brincadeiras e os cuidados dispensados ao avô: ajudava no momento no banho, alimentava-o, lia para ele e contava-lhe as novidades ocorridas no dia. O avô sorria, apertava-lhe a mão carinhosamente e às vezes até chorava. Eles se entendiam muito bem.

À noite, na hora da recreação, Franklin conversou longamente com Gabriel em particular. Relatou-lhe todas as dificuldades, até mesmo a rejeição sentida pela avó e o modo como costumava tratá-la. Mas afirmou que não se sentia feliz com esse comportamento e que gostaria muito de mudar.

Ao retornar a casa, todos notaram o esforço de Franklin para melhorar o relacionamento com a avó.

Algum tempo depois, enquanto afagava a cabeça do neto, d. Antonieta disse-lhe com ternura: "Naqueles dias, eu senti muito sua falta. Essa cadeira também ficou sem pernas". Nesse momento, trocaram um olhar diferente, indicativo de que algo começava a mudar no difícil relacionamento.

Experiências positivas podem despertar o potencial adormecido em cada ser humano.

Como foi referido anteriormente, as sementes do amor estão plantadas na estrutura do ser humano e inscritas em uma lei impressa na consciência. Diversos fatores podem concorrer para sufocá-las e impedir que germinem, floresçam e dêem frutos.

A troca de experiências, cujo testemunho evidencia a ação desse amor, pode significar um forte estímulo para que desabroche em alguém esse potencial, essa capacidade de amar, ainda não manifestada por diversas razões.

Somos seres sociais e educáveis. Por isso, precisamos dos outros. A interação entre as pessoas é fonte perene de aprendizagem, de mudanças de vida. Nesses contatos, aprendemos a visualizar a realidade sob ângulos diferentes. Despertamos para a necessidade de rever certas atitudes. Confrontamos nossas idéias e renovamos a motivação para as mudanças que desejamos empreender.

Essa é a importância de divulgar o bem, difundir idéias e práticas positivas e construtivas, valorizar atitudes de relacionamento saudável em todos os níveis. Também é conveniente a escolha criteriosa dos ambientes freqüentados, dos programas de TV adequados, das amizades positivas, entre outros.

Certamente, Franklin era impelido a amar sua avó, embora não conseguisse manifestar esse amor pelas precoces incumbências impostas a ele. A experiência do companheiro de acampamento foi a gota d'água, a umidade necessária para que, naquele ambiente adequado, a semente do amor desabrochasse. Conseqüentemente, outros atos de amor se encadearam e proporcionaram um novo rumo à vida de Franklin, da avó e dos familiares.

Esse amor é semelhante à força da água que penetra em qualquer espaço por onde passa, infiltra-se, vivifica e renova o que encontra pelo caminho.

Coloque em prática

- Acredite que as sementes de amor estão plantadas no mais profundo do ser humano. Mas é preciso fazê-las germinar.

- Descubra se existe algo em você que sufoca a germinação dessas sementes e como pode ajudá-las a florescer.

- Comece a amar. Fale aos outros sobre a experiência. O ser humano é um eterno aprendiz dessa arte.

- Escolha criteriosamente os ambientes adequados, os programas de TV apropriados e os amigos com quem compartilha a vida.

- Busque e vivencie momentos de pausa para reflexão e revisão de conceitos e atitudes.

- Divulgue as experiências positivas e acolha as que lhe forem comunicadas.

Comece... o restante virá!

$\mathcal{D}$os seis filhos do sr. Germano e d. Ana, Janaína era a quarta. O ambiente familiar, sempre tenso e conflitante, levou-a desde cedo a fazer planos de morar distante de casa.

Logo que concluiu o curso de serviço social, ela se inscreveu em uma seleção para participar de um projeto de recolocação de famílias que moravam em áreas de risco. Após ser aprovada, foi viver essa experiência em um estado distante.

Pela grande distância e o salário insuficiente, Janaína passou seis anos sem rever os parentes. Entretanto, esse período foi necessário para que pudesse desenvolver uma nova visão da própria família.

Foi um período de aprendizagem produtivo. Mais que às famílias com quem trabalhava diretamente, Janaína prestou uma significativa ajuda a si mesma e aos seus. Nesse momento, percebia com maior clareza quanto havia se distanciado, isolado e omitido de uma positiva colaboração para a dinâmica familiar.

Iniciou-se, então, uma intensa comunicação com os parentes. Cartas, *e-mails*, telefonemas, mensagens foram utilizados na tentativa de recuperar o tempo perdido. Para o irmão mais velho, ela enviava revistas e artigos sobre academias de ginástica, para auxiliá-lo em seu emprego e nos momentos de lazer. Em relação ao pai, manifestava um especial interesse pela cooperativa de compra de rações animais, da qual era presidente. Para a mãe, os Correios sempre levavam encomendas: ora eram doces e iguarias da região; ora eram amostras de crochê e ponto de cruz, sua ocupação nos momentos de folga.

Assim, para cada familiar, havia uma atenção especial, um verdadeiro interesse pelo universo que os circundava.

No aniversário de Janaína, um presente marcou-a especialmente: uma fita de vídeo, gravada pela família reunida, em que cada um, desde os pais até os sobrinhos, os quais ainda nem conhecia, dizia palavras que abalaram sua estrutura emocional, mexeram com sua sensibilidade e despertaram-lhe o desejo de revê-los.

Então, Janaína resolveu sair do emprego e retornar à cidade natal. Desejava sentir de perto o calor da família, como sempre sonhara! E isso ocorreu poucos meses depois!

Amar é só começar... e, confiante na força das sementes, esperar a abundante colheita.

Esse é um processo infalível! Onde não há amor, vá plantando sementes desse sentimento, cultive-as com perseverança e adube-as pacientemente. A seu tempo, certamente a vida brotará.

A paz, o entendimento, a harmonia familiar, valores tão desejados por Janaína, ainda não haviam contado com sua real contribuição. A fuga da realidade parecia-lhe o melhor e mais fácil caminho.

Observar, julgar, pretender, queixar-se são sementes geradoras de novas divisões e favorecem o crescimento de ervas daninhas que, rapidamente, invadem todos os espaços.

Quando se afastou do ambiente familiar e se distanciou da efervescência de sentimentos negativos, Janaína pôde considerar os fatos sob outra perspectiva.

O mais importante é a consciência de que amar é um processo que se inicia em cada pessoa. A partir dessa decisão e após ser fortificada a motivação, a sensibilidade informa os meios, a criatividade suscita os recursos disponíveis, enfim, é estabelecida a corrente positiva do amor. A energia então gerada é comunicada ao destinatário. Este, por sua vez, reage e, quase imperceptivelmente, mergulha na infalível dinâmica.

Começar a amar implica uma permanente disposição para "recomeçar". Sim, recomeçar a cada desafio, a cada fracasso aparente, diante dos obstáculos que se interpõem, sem nunca desanimar.

Portanto, faz-se necessário experimentar, vivenciar o processo, tornar-se competente na arte de amar, na qual todo ser humano deve se considerar um eterno aprendiz.

Na alegria da desejada colheita, será possível comprovar: amar é só o início; os frutos vêm por acréscimo, pois são dádivas da natureza.

Vivendo e aprendendo

- *Não espere ser objeto do amor de alguém. Inicie o processo.*

- *Na família, a proximidade dos relacionamentos pode dificultar a manifestação do amor. Fugir dela, porém, nem sempre é a solução.*

- *Abra os olhos para enxergar o lado positivo de cada um de seus familiares e não esconda as descobertas.*

- *Não deixe para depois a manifestação de seus sentimentos. Amanhã pode ser tarde demais.*

- *Interessar-se pelo universo particular dos interesses do outro é o caminho mais curto para encontrá-lo.*

- *O início das mudanças familiares ocorre quando um de seus integrantes começa verdadeiramente uma corrente de amor.*

Saber perder

A empresa do sr. Lúcio era um retrato de seu espírito empreendedor e de sua tenacidade. De uma simples padaria, o estabelecimento evoluiu para uma moderna rede de panificação, em diversos pontos da cidade.

Dos cinco filhos, apenas Marcelo não participava diretamente dos negócios. Após concluir o curso de informática, dedicava-se a um importante projeto nessa área como coordenador de uma equipe que desenvolvia pesquisas em novas tecnologias.

Nessa época, o sr. Lúcio sofreu um derrame cerebral, o que ocasionou vários internamentos. O quadro agravava-se progressivamente, e isso provocou seqüelas irreversíveis. Então a família foi orientada a transferi-lo para casa, onde deveriam ser providenciadas as devidas condições para atendê-lo.

Foi um transtorno para a vida familiar. A esposa foi acometida por uma profunda depressão e também passou a necessitar de cuidados especiais. Enfermeiros revezavam-se na assistência ao paciente, mas era indispensável a presença de um familiar que acompanhasse e coordenasse toda aquela movimentação.

As atividades comerciais absorviam o tempo dos filhos, os quais, agora mais que nunca, precisavam cuidar dos negócios. Por isso, só conseguiam fazer visitas rápidas aos pais, uma vez que era necessário maior empenho para suprir a ausência paterna.

Então Marcelo compreendeu que chegara o momento de adiar o almejado projeto e se dedicar inteiramente à tarefa de dispensar ao pai a assistência necessária. Foi uma decisão muito difícil para ele, que era o autor da idéia e seu maior incentivador.

Pelo período de um ano, em que o sr. Lúcio resistiu à enfermidade, Marcelo agigantou-se na arte de amar. Descobriu meios de comunicar-se com o pai em uma linguagem compreendida somente pelos dois. Falava-lhe ao ouvido, apertava-lhe a mão, punha-lhe músicas especiais, olhava-o de uma forma à qual ele parecia corresponder.

Porém, a despeito de todos os cuidados, o sr. Lúcio faleceu. Pouco tempo depois do ocorrido, Marcelo recebeu o convite de sua antiga equipe para a festa de lançamento do sistema de informações, fruto da conclusão do projeto, agora patenteado em nome do grupo.

No coquetel oferecido aos presentes, em seu discurso, o atual coordenador do grupo dedicou ao rapaz todo o êxito do empreendimento e emocionou a platéia ao falar sobre a difícil opção que fizera na ocasião do afastamento da equipe.

Após calorosos aplausos, Marcelo recebeu o convite do diretor de uma empresa multinacional para aplicar o sistema em sua rede de filiais.

Enquanto voltava para casa, ao lembrar-se do pai, ele refletia: "É preciso saber perder, pois há um momento oportuno para cada decisão".

Na arte de amar, saber perder é preparar o momento certo para a vitória.

As escolhas suscitadas pela vida exigem reflexão, ponderação, discernimento e sabedoria. Algumas vezes, é impossível conciliar situações que, em si mesmas, apresentam antagonismos significativos. Nesses casos, impõe-se a necessidade de perder algo, o que quase sempre representa um grande desafio em busca da melhor opção.

Definir objetivos, equacionar valores, ordenar prioridades e harmonizar interesses exige determinação. Perder é sempre difícil. Optar supõe lucidez para o estabelecimento de parâmetros. É necessário acionar a razão para classificar as idéias, mas, ao mesmo tempo, dar espaço ao coração para expressar, pela linguagem da intuição, o melhor caminho a seguir.

O amor é sempre um referencial valioso nas decisões, pois é capaz de preencher de renovadas compensações o vazio deixado pelo que foi perdido. No jogo da vida, é sempre vencedor quem sabe perder algumas pedras para ganhar a partida.

Marcelo experimentou o desafio dessa situação. Porém, venceu a exigência maior de doar ao pai algo que somente ele, naquelas circunstâncias, poderia oferecer-lhe. Certamente sofreu muito, pois qualquer perda implica frustração e sensação de impotência.

Entretanto, venceu o amor. Ao desenvolver no cotidiano essa admirável arte, Marcelo cresceu, fortificou-se, aprendeu lições de vida incomparáveis e experimentou a paz de quem escolheu a melhor parte. Além da oportunidade de um novo emprego, ganhou a maturidade de quem soube renunciar, a segurança de quem conseguiu enfrentar as adversidades e, principalmente, a confiança de quem aprendeu a perder algo para, no momento oportuno, ganhar seu troféu.

Dê vez ao bom senso

- É impossível, simultaneamente, servir bem a dois senhores, a interesses conflitantes.

- Fazer escolhas importantes supõe sabedoria, discernimento e determinação, a fim de optar sempre pela melhor parte.

- Nem sempre a melhor parte é a mais fácil e cômoda, mas, certamente, é a que resulta em benefício maior.

- No jogo da vida, ganha-se o que, por amor, se perde.

- Saber perder é uma atitude inerente a quem deseja cultivar uma vida equilibrada e harmoniosa.

- O que se perde fica para trás. Agora é olhar para a frente, seguir adiante e, no devido tempo, recolher os frutos da escolha certa.

O sol nasce de novo!

Roberto e Helen namoravam havia algum tempo, e esse relacionamento se fortificava à medida que descobriam suas afinidades.

Entretanto, tudo transcorria meio às escondidas, porque a família de Roberto, rica e com alto prestígio social na cidade, não admitia que o filho se relacionasse, de forma séria e comprometida, com uma moça simples, funcionária pública e residente em um bairro da periferia. Os pais tinham para ele, que estava prestes a se formar em engenharia, grandes e ambiciosas expectavivas na área da construção civil, campo em que já atuavam com grande destaque.

Nas raras vezes em que tentou apresentar Helen à família, Roberto enfrentou acaloradas discussões e até ameaças de "lavar as mãos" se insistisse na absurda decisão. Além do mais, anteriormente se relacionara com outra jovem, com quem o casamento era incentivado pelos pais tão logo ele se formasse. Segundo eles, seria a esposa ideal para o filho mais novo: bonita, comunicativa e filha de um industrial, de quem eram grandes amigos.

Roberto, porém, não desistiu. Quando Helen lhe lembrava de questões sobre as possíveis dificuldades caso decidissem se casar à revelia da família, ele assegurava-lhe de que estava preparado para esse desafio. De acordo com o que costumava repetir, o mais importante era a própria felicidade, que só encontraria ao lado dela.

Helen era uma jovem forte, segura e determinada. Mesmo apaixonada, procurava manter o equilíbrio e medir as conseqüências de uma decisão tão difícil.

Roberto, porém, convenceu-a a aceitar seu pedido de casamento. Logo após a formatura, ele comunicou sua decisão à família. À cerimônia simples, realizada em uma igreja do bairro onde Helen morava, compareceram apenas um dos irmãos, um tio muito amigo e alguns primos do noivo.

Após três anos de união, quando enfrentavam dificuldades de todo tipo, Roberto cedeu às pressões familiares e separou-se da esposa. Ele foi enviado pelos pais para fazer um curso de especialização no exterior. Por sua vez, Helen continuou trabalhando como funcionária pública.

Embora sofresse muito, ela foi à luta. Fez cursos de gestão pública e conseguiu uma importante função no setor onde trabalhava, o que acarretou na melhora de seus vencimentos; em seguida, dedicou-se a novos projetos de vida. Quanto às convicções, mantinha-se firme, por isso não se rendeu aos apelos de Roberto para que, novamente às escondidas, viajasse ao exterior, onde poderiam recomeçar a vida a dois.

Ela estava convencida de que tudo é passageiro e que, após a noite escura, existe a certeza de um novo dia, no qual o sol renasce para anunciar a esperança. Às propostas do ex-marido, costumava responder convictamente que tudo passa e a vida continua. Outros desafios nos esperam. A vitória é dos que crêem nisso e não se acovardam diante dos obstáculos.

> *Após a noite escura e amedrontadora,*
> *o sol renasce, anunciando a esperança.*
> *Tudo passa!*

A vida nos ensina que tudo passa: angústias, expectativas e medos, bem como alegrias, exultações e conquistas.

Diante dessa realidade, é conveniente que não se perca o eixo da vida, o qual se deve fixar em uma esperança bem fundamentada: cada dia representa algo novo. Surge uma luz nova que indica outras direções, aponta caminhos diversos, orienta o percurso em busca dos ideais e refaz os planos de vida.

Helen acreditava nessa verdade e sobre ela estruturava suas convicções. Por isso, conseguia desenvolver a autoconfiança, a serenidade, a coerência e a firmeza necessárias para enfrentar novos projetos pessoais.

É possível que a concretização do amor entre ela e Roberto em uma convivência construtiva para ambos tenha sido inviável porque ele ainda não realizara essas importantes descobertas, enquanto Helen compreendera que não podia desistir da vida nem ceder, mais uma vez, a propostas ilusórias.

Amar também comporta amar-se, pois ninguém pode oferecer o que não possui. Construir-se, edificar a estrutura interior de acordo com valores reais, cultivar a auto-estima, constitui elemento necessário para a doação, o envolvimento e a cumplicidade exigida pela vida a dois.

Algumas vezes, o prestígio social, o poder econômico, as aparências, a supremacia do ter sobre o ser representam sérias ameaças à construção de uma vida pessoal bem estruturada e dificultam os relacionamentos por falta de uma base sólida e estável.

Este pode ser um lema de vida: a cada vez que o sol ressurge, renova-se a esperança de recomeçar a caminhada, refazer o fardo cotidiano, enfrentar os desafios presentes e ir adiante. Sem desfalecer.

Guarde estas idéias

- Tudo passa! A cada dia, o sol renasce e a escuridão é sucumbida.

- Só não pode passar a esperança de um novo dia, pleno de possibilidades de refazer a vida e recomeçar a caminhada.

- A pessoa é aquilo que é, e não o que aparenta ou pensa ser.

- Os afetos nutrem-se das realidades interiores; as aparências podem até mesmo camuflar a essência do amor.

- Na luta pela vida, a vitória é dos que crêem e não se acovardam diante dos obstáculos.

- Nada é definitivo. Sempre é possível retificar, refazer, recomeçar, mudar a trajetória de vida.

Tudo tem um preço

No departamento da loja onde Marília trabalhava, havia 18 funcionários. Entre eles, o mais dinâmico e comunicativo era Vitório. Na seção de estoque, ele era o líder da turma, não somente em relação à rotina do trabalho, mas também em brincadeiras, eventos e comemorações.

Marília era silenciosa e um pouco retraída, porém sempre disponível quando solicitada. Ela notava que Vitório a discriminava e era muito severo nas cobranças que lhe fazia; algumas vezes, tratava-a até com certa ironia. Certa vez, diante do grupo, causou-lhe um sério constrangimento ao mencionar a inverdade de que ela recebera uma cantada de um auditor que fora à seção para executar seu trabalho de praxe. Então a moça manifestou sua insatisfação com aquela brincadeira de mau gosto.

O ambiente de trabalho ficou insuportável. Vitório não perdia oportunidade para censurá-la, embora o fizesse sempre em sua ausência. Marília, porém, procurou relevar esses comportamentos, pois considerava importante a conservação de um relacionamento saudável e respeitoso no ambiente de trabalho. Para isso, a seu modo, buscava oferecer uma valiosa contribuição.

Naquele período, Vitório começou a apresentar uma evidente melhora de vida, apesar de no último ano os funcionários não terem recebido os aumentos solicitados nem as comissões prometidas. Adquiriu uma moto, um novo celular e comentava que um tio o havia presenteado com um computador. Tudo isso em um curto espaço de tempo.

Enquanto ocorriam esses fatos, Marília notou alguns desvios nas fichas de estoque com uma repentina mudança no sistema de código de comandos, que lhe eram desconhecidos.

Prudentemente, nada comunicou aos colegas do setor, mas intensificou a busca de dados para confirmar as suspeitas. Após a constatação e documentação dos fatos, concluiu-se que Vitório estava manipulando e desviando artigos do estoque da empresa.

Antes de adotar uma atitude definitiva perante o problema, Marília procurou aconselhar-se com uma pessoa em quem depositava muita confiança para discutir o melhor caminho a seguir. Em comum acordo, decidiram que ela deveria procurar o colega, deixá-lo ciente da descoberta e ouvir sua versão dos fatos.

Naquele dia, curioso, Vitório aceitou o inesperado convite para almoçar fora da empresa. Diante dele, com o objetivo de não demonstrar seu nervosismo, Marília expôs toda a situação com uma impressionante seriedade, mas sem acusações ou julgamentos preconcebidos. Após ouvir o relato, ele ficou lívido. Então pôs a cabeça entre as mãos, e assim ficou por um certo tempo. Silenciosamente, ela aguardava a reação do colega após o choque.

Ao final do almoço, do qual quase não se serviram, ele lhe perguntou: "O que você vai fazer agora?!". Ela lhe respondeu prontamente: "Vou comunicar esse fato à diretoria. Antes, porém, quis informá-lo da situação, a fim de que se preparasse para enfrentar a realidade".

Uma semana depois, os dois ficaram perante o diretor. Além de assumir a total responsabilidade pelo ocorrido, Vitório ainda reconheceu o equilíbrio de Marília na condução dos fatos.

Após a reposição dos prejuízos e o acerto da rescisão do contrato de Vitório, nenhuma informação vazou para os demais profissionais. O próprio diretor colaborou para que tudo transcorresse com discrição.

Embora houvesse pago um alto preço pelo enfrentamento da verdade, Marília desfrutava uma grande tranqüilidade interior.

A verdade deve ser preservada, mesmo se, com isso, for necessário pagar um alto preço.

O amor conduz à verdade. Assumi-la, defendê-la nem sempre é fácil. Custa um preço, às vezes muito alto. Entretanto, em qualquer circunstância, o amor à verdade supõe a discrição, a prudência e o respeito pelo outro.

Marília vivenciou essa realidade. Diante da necessidade de ser coerente com a própria dignidade no trabalho, ela não se acovardou nem se omitiu. Porém, agiu com toda discrição e prudência em relação ao colega.

Outro ponto a ser considerado é que a verdade não deve estar subjugada aos sentimentos deturpadores nem às emoções passíveis de distorcê-la. Por esses princípios, Marília foi capaz de superar as diferenças e restrições que tinha no relacionamento com o colega. Não se aproveitou do fato para se vingar. Foi muito além dessa mesquinharia.

Nesse contexto de seriedade, lealdade e responsabilidade, a verdade surge límpida e transparente. Por isso, torna possível que dê frutos e lições de vida, ensinamentos, reformulação de idéias e mudanças de atitude. Para quem ama com esse sentimento construtivo e recriador, a verdade não é um instrumento, mas um fim. Para atingi-la, são utilizados os recursos da sinceridade e do perdão. Ela supera os preconceitos, os disfarces e os julgamentos precipitados.

Visa ao bem do próximo e, para isso, envida todos os esforços. Admoesta para oferecer uma chance de retorno, de recomeço.

Quem ama acredita constantemente na força revolucionária desse amor.

É bom saber

- A verdade deve prevalecer sempre, mesmo se o preço for muito alto.

- Assumir a verdade exige prudência, discrição e muito respeito pelo outro.

- Para vivenciar a verdade com o autêntico amor, é necessário ir além dos sentimentos e emoções. Ser verdadeiro supõe:
  – serenidade nas palavras;
  – coerência nos argumentos;
  – firmeza nas ações.

- A verdade é um fim. Visa refazer, retificar e oferecer ao outro a possibilidade de RECOMEÇAR.

- Acreditar nisso é a maior motivação para amar a verdade e por ela ser capaz de pagar qualquer preço.

As grandes "pequenas coisas"

A mansão de d. Carminda era admirada não somente pelos que a freqüentavam, mas também pelos transeuntes, que contemplavam o jardim bem cuidado e o viveiro que chamava a atenção.

Entre os vários empregados da casa, Juliete, a faxineira, era a mais cobrada pela exigente patroa. D. Carminda, idosa e viúva, não mais atuava na empresa da família. Dedicava-se apenas a acompanhar os trabalhos domésticos e, nos momentos de "trégua", pegava sua cesta de bordados para preencher o tempo. Autoritária, costumava dar ordens sempre em um tom de voz que chocava os empregados.

Juliete trabalhava havia vários anos com a família. Eficiente, discreta e silenciosa, conhecia bem o gosto de todos, principalmente os da patroa. Por isso, estava sempre atenta para arrumar cada coisa em seu lugar e no devido tempo. Os chinelos especiais calçados pela patroa quando ia ao jardim, o tipo de linha para os diversos bordados, os lembretes dos horários dos remédios, as revistas semanais e os jornais do dia eram detalhes cuidadosamente observados. Além do mais, esforçava-se para cumprir alegremente a rotina que, às vezes, ameaçava tirar-lhe o bom humor.

Nos fins de semana, a jovem encontrava-se com um grupo religioso, do qual fazia parte. Ali, várias vezes ela era convidada a dar o testemunho de como enfrentava as tarefas naquele ambiente onde os empregados viviam quase sempre resmungando, revoltados com o autoritarismo da patroa. Então lhes contava sua estratégia: realizar bem, com perfeição, e até certa solenidade, cada pequena tarefa exigida pela rotina. Assim, conseguia superar o tédio e tornar as ações que desempenhava grandes e valiosas. Afirmava que isso a deixava muito feliz e dava-lhe forças para enfrentar a rotina do trabalho.

Quando comunicou à patroa que deixaria o trabalho para se dedicar a seu salão de beleza, no bairro onde morava, ela se surpreendeu com a reação de d. Carminda, que lhe disse, em um tom de voz emocionado: "Vou sentir muita falta de você, principalmente de seu jeito especial de trabalhar. Mas você merece conquistar sua independência".

No dia da inauguração do salão, Batista, o motorista da família, chegou à porta de Juliete com um grande espelho de cristal enviado por d. Carminda. No cartão que acompanhava o presente, havia uma surpresa maior. Nele estavam escritas as seguintes palavras, que provocaram uma grande surpresa à moça: "Sucesso! Certamente você o terá, pois sabe transformar em grandes as pequenas coisas que faz".

Assim, sempre que se olhava no bonito espelho, que colocara no centro do pequenino salão, Juliete lembrava-se de que, também ali, ao enfrentar uma nova rotina de trabalho, deveria ter em mente que nada é desimportante se feito com amor.

Tornar grandes as pequenas coisas é atribuir o devido valor a tudo o que se faz.

Cada ato, gesto e ação reveste-se de sua devida importância. Decorre dessa constatação a possibilidade de afastar o tédio, a monotonia do que chamamos rotina, ou seja, o rol das diversas pequenas coisas a ser realizadas diariamente.

Arrumar a mesa para as refeições, limpar a casa, preparar as crianças para a escola, fazer a barba, organizar as fichas nos arquivos e diversas atividades rotineiras podem ter sentido diverso se estivermos atentos a isso. Exige uma capacidade de se centrar no momento presente, exatamente naquilo em que estamos empenhados. Às vezes, também nos auxilia a lembrar quando estamos (por razões diversas) impossibilitados de realizar nossas atividades rotineiras e delas sentimos falta.

Juliete cultivava essa sabedoria. Por isso, engrandecia os pequenos atos exigidos pela profissão, a ponto de sensibilizar a patroa e fazê-la despertar para essa realidade.

A vida está cercada de pequenas ações exigidas de cada pessoa nas diversas circunstâncias em que estão inseridas. Se delas for possível extrair a vitalidade escondida sob a aparência de "coisas sem valor", é descoberto um tesouro.

Nessa perspectiva, quando surgirem "grandes coisas", encontrarão um ser pleno de capacidades para vivenciá-las. Se elas forem de alegria e êxito, as pessoas saberão exultar, vibrar, festejar, sem entretanto se exaltar. Porém se forem de dor, perda ou fracasso, conseguirão ultrapassá-las sem cair no vazio da depressão nem se afogar no tormento do desespero.

Melhore sua qualidade de vida

- Reconheça, pela experiência, que nada é insignificante se lhe conferimos o devido valor.

- Acolha, com responsabilidade e envolvimento, as "pequenas coisas" cotidianas e prepare-se para assumir as "grandes coisas" suscitadas pela vida.

- Realize, com amor e por amor, as atividades rotineiras. É um exercício fortalecedor para evitar o tédio e a monotonia.

- Assuma com envolvimento e cumplicidade, aqui e agora, centrado no momento presente, o que a vida exigir. Isto é prova de sabedoria.

- Torne significativo tudo o que lhe for colocado em seu caminho pela vida e enriqueça sua personalidade.

- Adquira a capacidade de transformar as "pequenas coisas" exigidas rotineiramente em passaportes para o bem-estar e a harmonia do ser.

Um rastro de luz

No conjunto habitacional onde moravam, todos conheciam o sonho do pequeno Moacir: ser o âncora de um importante programa de rádio, transmitido em toda a redondeza. Entre risos e piadas, era comum que as crianças o rodeassem no pátio da capela próximo à praça para ouvir o programa, ao qual dedicava algumas horas dos domingos e feriados.

Algumas vezes, os adultos também paravam para conferir as novidades apresentadas: um mágico, o cantor de emboladas e cocos-de-roda, além de calouros e diversas atrações. Certo dia, apareceu um palhaço das pernas de pau. Tudo improvisado, mas repleto de criatividade.

Aos 15 anos, Moacir estava prestes a concluir o curso fundamental na escola do bairro onde estudava. Nos momentos de folga, ele entregava marmitas para ajudar a mãe, que era atendente de enfermagem em um posto de saúde da comunidade.

Nesse período, após a conclusão do curso básico, ele participou de uma seleção de adolescentes carentes promovida por uma ONG para o ingresso em cursos profissionalizantes, em que obteve um dos primeiros lugares. Então iniciou um curso de eletrônica, ao qual se dedicou com afinco.

Em seguida, conseguiu um estágio remunerado em uma emissora de rádio da cidade, como assistente de controlista. Foi uma festa! Para ele, entrar naquele ambiente representou um momento de glória!

Daí para alcançar a função de animador de um programa não demorou muito. Aos 18 anos, firmava-se como um comunicador nato e eficiente, que alcançou um público-ouvinte bastante significativo. Isso causou admiração aos responsáveis pela emissora .

Assim, seguiu em frente na carreira. Nos programas, o interesse central era a melhoria de vida nas comunidades mais carentes da cidade. Seu bairro foi muito beneficiado com a construção de lavanderias comunitárias, centro social, quadra esportiva, canalização de águas pluviais, biblioteca, entre outras melhorias. Tudo conseguido pelos moradores a partir da mobilização incentivada por Moacir em seus programas diários.

Quando estava na capital do estado, após várias conquistas e a ascensão no segmento da comunicação, seu trabalho em prol da implantação das rádios comunitárias mereceu destaque. As emissoras deveriam ser instrumentos a serviço da democracia, um canal de difusão cultural e um meio legítimo de reivindicação dos direitos do povo.

Em um programa da rádio comunitária do bairro onde passara os primeiros anos de vida, Moacir foi homenageado com diversas manifestações de reconhecimento. Entre os vários depoimentos, o que mais o sensibilizou foi o de sua primeira professora, ao afirmar: "Moacir, você passou em nossa comunidade e deixou um rastro de luz, que ainda hoje ilumina os que aqui vivem".

Passar é natural.
A forma como isso ocorre é o diferencial.
Alguns passam como fugaz
e invisível meteoro, outros deixam um rastro de luz.

Esse amor, inscrito no mais íntimo do ser humano, define a maneira de sua passagem pela existência. Alguns, centrados em si mesmos e egoisticamente voltados apenas para os próprios interesses, deixam tênues registros da passagem de sua história pessoal. Em contrapartida, outros, voltados para fora de si e projetados em interesses maiores, deixam um rastro de luz.

Moacir foi uma dessas estrelas que brilharam em sua comunidade e marcaram a trajetória de sua vida com pontos luminosos. Assim, ele alcançou a realização de seus sonhos, ascendeu social e profissionalmente, mas não perdeu o elo com a própria gente, nem o compromisso de contribuir com a efetiva participação para a melhoria de vida de seus vizinhos e companheiros.

Pensar nos outros, querer para eles o bem desejado para si mesmo é uma motivação impulsionadora da capacidade de realizar, alcançar metas e perseguir objetivos. No entanto, centrar-se apenas no limite dos interesses pessoais e fechar-se nas conquistas obtidas reduzem o alcance da atuação do ser humano, fazem-no menor e confinam-no em estreito e limitado espaço.

Passar é contingência natural do ser mortal. O que difere, porém, é como isso ocorre, de marcar a trajetória pessoal pelo espaço da existência. Algumas pessoas passam quase despercebidas porque não ampliam os horizontes ao redor. Outras deixam um rastro de luz, que continua a apontar a meta, semelhantemente a um farol que orienta os navegantes. Estas são as que amam com o amor universal, gratuito e concreto sobre o qual tratamos neste livro.

Experimente e comprove

- *A história pessoal dos seres humanos é marcada pela visão de seu compromisso com a própria história.*

- *Abrir os horizontes da vida é alargar o raio de ação, a incidência dos objetivos e as metas do viver.*

- *Passar é condição natural das pessoas. A forma como isso ocorre é determinante para marcar essa passagem.*

- *Os que deixam atrás de si um rastro de luz se eternizam na memória de seus seguidores.*

- *Essa luz provém do amor que se comunica na doação e no serviço aos demais.*

- *Iluminar a passagem pela história é amar sem interesses imediatos, é doar sem nada pedir em troca.*

Palavras finais

Neste livro, eu poderia acrescentar muitas outras experiências da força desse amor que renova e transforma pessoas e situações. Não somente aquelas que conheci por fontes diversas, mas também as que vivenciei.

Creio nesse amor. Ele se constituiu sempre na referência mais forte de minha vida pessoal, familiar e profissional. Conduziu-me na trajetória, apontou-me caminhos, abriu-me horizontes. Conhecemos sua potência quando permitimos que ele aja em nós.

Esse sentimento me incentivou a escrever este livro. Despertou o sonho e alimentou a ousadia de comunicá-lo a partir destas mensagens.

Então por que me decidi parar por aqui?

Porque, prezado(a) leitor (a), meu objetivo ao colocar esta obra em suas mãos é exatamente estimulá-lo(a) a entrar nessa ciranda de amor. Anima-me a esperança de que você se torne um novo elo fortalecedor dessa corrente.

Mais que em outras épocas da história, o mundo contemporâneo não somente anseia, mas também clama pela efetivação da inigualável força desse amor, que gera algo mais que solidariedade: pode gerar fraternidade. A partir dela, é possível ordenar, harmonizar e equilibrar os relacionamentos em todos os níveis e também promover a revolucionária descoberta de que aquele que caminha ao nosso lado é mais que um indivíduo, é um irmão de humanidade.

A cada dia, fortalece-se o corpo da ciência e da técnica. Avançam o conhecimento, as pesquisas, as novas tecnologias, os meios de comunicação. Mas falta-lhes alma, falta-lhes a centelha inspiradora dos fundamentos éticos a definir-lhes como instrumentos, meios e recursos a serviço de um único objetivo: a vida.

Essa centelha é o amor, que assegura os direitos fundamentais das pessoas. A liberdade, para responder a uma necessidade natural do ser humano. A igualdade, como fundamento de suas relações sociais, políticas, econômicas e religiosas. Mas, especialmente, a fraternidade que, ao reconhecer a humanidade em sua distinção, consegue considerá-la também em sua universalidade, em que TODOS encontram espaço e condições dignas de vida, porque fazem parte de uma só família – a família humana.

⇒ E agora?! ⇐

Eu aguardo sua participação. Este livro ainda não está concluído. Por esse motivo, ele não foi elaborado para ser guardado na estante, ou deixado sobre a mesa, ou esquecido em uma gaveta. Você é o(a) convidado(a) especial para continuar a escrevê-lo com a própria experiência.

Leve-o à escola, a seu emprego ou até a academia. Mostre-o à vizinha. Fale sobre ele ao motorista do táxi, à recepcionista do consultório, a seu professor ou ao aluno. Divulgue-o entre os colegas de trabalho. Ofereça-o de presente a um amigo que talvez esteja à procura de novas motivações para o recomeço da caminhada.

De qualquer modo, leve adiante essas propostas. Divulgue as idéias com os companheiros de lazer e acrescente suas reflexões e opiniões pessoais. Discuta o assunto com o(a) namorado(a). Ouça a opinião de seu marido ou de sua esposa, de seus filhos ou das outras pessoas da casa. Critique. Sugira. Se estiverem de acordo, comecem imediatamente a testar a força desse amor (se já não o fazem). Caso tenham argumentos contrários, aprofundem a discussão, descubram saídas e apontem soluções.

E depois?!

Comunique e compartilhe os frutos das experiências realizadas, pois eles não lhe pertencem mais. A humanidade precisa deles para alimentar a esperança de que a paz, a harmonia, o bem, o belo e o positivo podem permear as relações entre as pessoas e torná-las, verdadeiramente, relações humanas.

Se você tiver alguma experiência de vida para ser compartilhada, escreva-me, para que, juntos, possamos formar uma grande corrente de amor.

O endereço é o seguinte:
Paulinas Editora
(Maria da Piedade/Que amor é esse?)
Rua Pedro de Toledo, 164 – Vila Clementino
São Paulo – SP
CEP 04039-000
E-mail: piedadepaiva@ig.com.br

A Autora

Impresso na gráfica da
Pia Sociedade Filhas de São Paulo
Via Raposo Tavares, km 19,145
05577-300 - São Paulo, SP - Brasil - 2004